Anonymous

Wappenbuch zu der zweiten Auflage von Dr. Kamill von Behr's Genealogie der in Europa regierenden Fürstenhäuser

Anonymous

Wappenbuch zu der zweiten Auflage von Dr. Kamill von Behr's Genealogie der in Europa regierenden Fürstenhäuser

ISBN/EAN: 9783743675797

Hergestellt in Europa, USA, Kanada, Australien, Japan

Cover: Foto ©Andreas Hilbeck / pixelio.de

Weitere Bücher finden Sie auf **www.hansebooks.com**

SUPPLEMENT

ZUR ZWEITEN AUFLAGE

DER

GENEALOGIE

DER IN EUROPA

REGIERENDEN FÜRSTENHÄUSER

VON

DR. KAMILL VON BEHR.

AUS DEM VERLAGE UND DER OFFICIN VON BERNHARD TAUCHNITZ.

LEIPZIG 1890.

BEENDIGUNG DES DRUCKES AM 3 JANUAR.

VORWORT DES VERFASSERS.

Seit dem Erscheinen meiner zweiten Auflage sind verschiedene Veränderungen in den fürstlichen Familien eingetreten, auch eine Menge Urkunden- und Specialwerke erschienen, durch welche früher gebrachte Angaben berichtigt oder ergänzt werden, dass es, um dem Werke noch ferner seine Brauchbarkeit zu wahren, wohl gerechtfertigt sein dürfte, ein Supplement erscheinen zu lassen. Die dem Hauptwerke beigegebenen Nachträge, von welchen ohnehin ein grosser Theil benutzt werden musste, um neuere Thatsachen anzuknüpfen, sind der Uebersichtlichkeit wegen hier mit verschmolzen worden, zudem ist es auch gelungen, manche Irrthümer früherer Angaben zu berichtigen, gleichwohl wird sich noch Manches wünschenswerth machen, sodass ich meine Arbeit einer nachsichtsvollen Beurtheilung empfehlen möchte.

Dresden, 1. *Januar* 1890.

Dr. Kamill von Behr.

INHALT

ANHALT.

TAFEL I.

Esico (V.) erscheint seit 26. Oct. 1036 in der Ballenstädter Grafschaft, ist urkundl. gewisser „Ahnherr des Geschlechts," † zw. 15. April 1059 u. 21. Juni 1060, und wird seine Schwester Hazecha oder Hedwig zw. 5. Nov. 1043 u. 27. Febr. 1044 Aebtissin zu Gernrode.

Albert erscheint 30. Aug. 1063 bis 26. Oct. 1074 in der Ballenstädter Grafschaft, seine Gattin ist die Erbin v. Orlamünde u. Sachsenburg, doch hält Ernst „Recherches sur l'hist. des comtes de Louvain p. 65" es für unmöglich, dass Alberts Wittwe Heinrich II. v. Löwen geheirathet, dessen Gattin habe zwar Adelheid geheissen, sei aber eine Andere gewesen; Thimo's v. Sebrapiem Nachkommen, die Herren v. Bornstedt, scheinen Ende des 12. Jahrhundert erloschen zu sein, während Herren v. Kirchstedt noch jetzt leben.

Sigfried I. v. Orlamünde Gattin Gertrud ist wohl laut Calendar. defunctor. monaster. [illegible] Nov. virg. in Lacu 17. Dec. gestorben, der Sohn Pfalzgraf Wilhelm als zweiter Sohn angebl. 25. Juni 1120 geboren und wird erst um 1128 wirklicher Pfalzgraf, dessen Wittwe Adelheid † 1147. Auch soll eine Tochter Gertrude, von der noch unklar bleibt, ob aus erster oder zweiter Ehe, Adela an Conrad II. v. Beilenstein (vergl. Quell. u. Erört. zur bair. u. deut. Gesch. I, 266) vermählt gewesen sein und demselben Kleburg und Mörle zugebracht haben.

Otto führt meist den Beinamen der Reiche, sein Sohn Albert I. der Bär ist vielleicht schon zw. 1085—1100 geboren, wird mit der Nordmark April 1134 bereits belehnt, erscheint als Herzog v. Sachsen urkundl. 25. Juli 1138 bis Jan. 1142, erbt Brandenburg erst 1150 und ist (vergl. Mitth. d. Ver. f. Anhaltin. Gesch. II, 259) seine Gattin die Tochter Hermanns I. v. Winzenburg, [illegible] Juni 1124 vermählt. — Werner III. v. Osterburg, entstammt der gräflichen Familie Veltheim, ist Ahnherr des noch blühenden Geschlechts.

Von Albert des Bären Töchtern muss es bei Hedwig heissen, vergl. Sachsen-Wettin Taf. 129 vergl. Anm. 5, ist Gertrud (vergl. Zeitschr. f. Niedersachsen v. 1872 p. 45) wahrscheinlich in erster Ehe an Otto v. Rhineck, welcher angebl. 7. Juli 1150 stirbt, erst in zweiter Ehe an Theobald I. vermählt. Die an Wladislav vermählte Prinzessin heisst Christine und † 22. Febr. nach 1178, und war ihr Gatte Wladislav II. v. Polen, Wittwer der Agnes v. Oesterreich, welcher im Dec. 1104 geboren und 2. Juni 1159 starb. Adelheid † bereits vor 2. Jan. 1163.

Otto I. zweite Gemahlin heisst Adelheid, allein sie kann nicht mit jener Ada v. Holland identisch sein, deren Mutter Ada v. Schottland urk. wohl zuerst 28. Aug. 1162 als Gattin Florens III. v. Holland erscheint, und soll diese Ada v. Holland (vergl. [illegible] Brandenburg. [illegible] Forsch. z. brandenb. u. preuss. Gesch. I. namentlich p. 119 u. 135") eher die bisher unbekannte Gattin Otto II. gewesen sein.

Hermann I. v. Orlamünde erscheint mit seiner Gattin Irmengard 21. Juli 1174; Sigfried war seit 1173 Bischof v. Brandenburg, erscheint als solcher noch 2. Nov. 1179, als Electus zu Bremen erst 13. April 1180, kann also nur 1180 inthronisirt sein, und zwar 22. Sept.; Heinrich erscheint 1147 bis 1160 als Canonicus und 1170 auch als Dompropst, doch ist der 1165—69 erscheinende Magister Scolarum Heinrich v. Gilnde (vergl. Geschichtsblätt. f. Magdeb. Gesch. XI, 230 ff.); Bernhard I. v. Sachsen Wittwe Jutta lebt noch 1221, scheint aber noch 1242, ja 1251 gelebt zu haben (vergl. Cod. Anhaltin.). Von ihren Kindern erscheint Magnus urkundl. 1235, ist Heinrich I. v. Anhalt vor 17. Mai, möglicherweise schon vor 26. April 1252 gestorben, vielleicht (vergl. Thuringiaidt „Annal. Hanovern etc p. 30") 28. Jan.; Sophie, Aebtissin zu Gernrode, wohl schon 1244, da bereits eine Nachfolgerin 19. Mai 1245 urkundl. vorkommt. Albert I. v. Sachsen heirathete Agnes wohl Ende 1247 und erscheint als Wittwe urkundl. noch 13. März 1270, könnte also nur nach 1270 gestorben sein.

Die Anmerkungen 3, 4 und 5 werden natürlich überflüssig.

TAFEL II.

Otto II. war lt. Urkunde von 1203 wirklich verheirathet, doch verschweigt dieselbe den Namen der Frau, während [illegible] Brandenburg. (vergl. die Nachträge hier zu Tafel I.) glaubt, die Ada v. Holland, welche bisher für Otto I. Gattin galt, sei in Wirklichkeit Otto II. Gemahlin gewesen; Heinrich v. Gardelegen starb wohl erst nach 15. April 1192.

Albert II. ist wahrscheinlich 1174 geboren, die Wittwe † schon 1255 und seine Söhne erscheinen seit Anfang 1258 in getrennten Besitzungen; Johann I. heirathet Jutta lt. Dispensat. vom 7. Mai 1255, urkundet noch 3. Juni 1266 zugleich mit dem Bruder, und starb vor 9. Febr. 1267, vielleicht Ende 1266; sein Bruder Otto III. heirathete vermuthlich Juni 1244, und dessen Wittwe starb 23. Mai 1266; und eine Tochter Albert II. ist angebl. noch Helene gewesen, welche 1273 als erste Gattin Adolph I. v. Waldeck starb.

Johann III. führt den Beinamen der Prager und ist 6. April 1244 geboren, seines Bruders Otto V. des Langen Wittwe starb erst 9. Mai 1327 und liegt zu Wittenberg begraben. — Cunigunde, Otto III. Tochter, heirathet lt. Vertrag vom Jan. 1270 [illegible] und wird wahrscheinlich Wittwe schon 29. Oct. 1279. — Mathildens Gatte Barnim I. war etwa 1210 geboren und bereits an Marianne v. Orlamünde und Margarethe (ganz unbekannter Abkunft) vermählt.

Albert III. erhält Stargard wahrscheinl. schon 1280 und von seinen Töchtern heirathet Beatrix lt. Disp. v. 28. März 1292, Margarethe Albert III. v. Sachsen-Lauenburg lt. Disp. v. 24. Sept. 1302 und starb ihr Gatte zw. 3. Oct. u. 1. Nov. 1302.

Otto VI. der Kleine ist wohl erst nach 12. Juni 1263 geboren, wird zw. 24. Sept. u. 6. Nov. 1286 Cisterzienser und seine Gattin war Hedwig v. Habsburg, Tochter König Rudolph I.

Hermann der Lange † zw. 11. Nov. 1307 u. 6. April 1308, seine Gattin war die Tochter König Albert I. und könnte frühestens 19. März 1329 gestorben sein; Heinrich IV. v. Breslau, Schwiegersohn Otto V., war etwa Dec. 1258 geboren und heirathete wohl erste Hälfte 1288. — Beatrix, Otto V. Tochter, heirathete Bolko I. nicht vor 1287, vermuthl. gar erst 1289 und war ihr Hochzeitstag 4. Oct., und in zweiter Ehe Wladislaw v. Kosel nach 20. Sept. 1300 und † zw. 16. Juli 1311 und 26. April 1316, während ihr Gatte erst nach 16. Nov. 1351 als Gemahl Luitgarde (oder Luitgard) v. Mecklenburg, Tocht. Pribislav III., Fürsten der Wenden, starb. — Rudolph I. v. Sachsen, Hermann des Langen Schwager, heirathete zw. 2. Dec. 1298 u. 21. Mai 1303 und starb 12. März 1356.

Hermann des Langen Schwiegersohn, Heinrich IV. v. Sagan, heirathete vor 29. Febr. 1312 und starb 22. Jan. 1342; die Tochter Agnes heirathete vor 14. Mai 1309 und lt. nachträgl. Disp. v. 5. Nov. e. a. Waldemar, und war ihr zweiter Gatte Otto der Milde vor 24. Juni 1292 geboren, der Agnes Schwager war Heinrich XII. (VIII.) v. Henneberg und muss Johann VI. v. Brandenburg an Catharina v. Sagan (die † zw. 27. Juni 1323 u. 2. Aug. 1327) wirklich vermählt gewesen sein, da sie urkundl. als relicta marchionis erscheint.

Johann II. erste Gattin Hedwig † 9. Sept. 1277; Otto IV. erste Gattin Hedwig v. Holstein ist geb. gegen Ende 1250 und verm. vielleicht 12. März 1262 ([illegible] ist zu streichen!), und wurde die zweite Gattin ihm vielleicht zu Ziesenzig 2. Juli 1300 vermählt. — Otto IV. Schwester Helene heirathet 1258; Conrad † zw. 16. Sept. u. 14. Dec. 1304 und seine Gattin Constance v. Polen war vor Dec. 1254 geboren und starb vor 3. Oct. 1281.

Erich wurde vor 14. gewählt und 23. Mai 1283 confirmirt, und war sein Bruder Albert IV. 1279 längst verstorben, auch war der Schwager Gerhard II. wohl vor 1. Nov. 1283 geboren.

Johann V. heirathete wohl im Sommer 1308 und wurde sein Bruder Waldemar I. vielt. 24. April 1291 geboren, derselbe heirathete vor 14. Mai 1309 und seine Wittwe starb als Gem. Otto des Milden v. Braunschweig; Johann V. Schwager Albert I. v. Anhalt besass Zerbst und Dessau und † nach 17. Aug. 1316.

Heinrich I. Schwiegersohn, Magnus I. v. Braunschweig, war vermuthlich 1304 geboren und sein Schwager Heinrich II. v. Braunschw.-Grubenhagen urkundl. schon 14. Mai 1318 verheirathet.

Nach David (preuss. Chron., herausgeg. v. Hennig V. 16) wäre Albert, Schwestersohn von Markgraf Hermann, zweiter Bischof v. Pomesanien gewesen, so nennt ihn auch H. Cramer (Gesch. d. ehemal. Pomesanien p. 44 ff.) und fügt hinzu, der Bischof (seit 1286) sei zw. 27. Sept. u. 31. Dec. 1301 gestorben, doch Hartknoch (Altes u. Neues aus Preussen p. 444) sagt, der Bischof sei von Adel gewesen.

TAFEL III.

Hermann von Orlamünde (vergl. Hauptwerk) † 1170.

Sigfried III. † 1206. Gem. Sophie, Tochter Waldemar I. v. Dänemark, geb. um 1159, verm. 1181 und heimgef. zu Michaelis e. a. † als Nonne zu Rothschild vor 30. Mai 1211.

Albert I. † als Converse des Dominicanerklosters zu Erfurt 1229 (vergl. v. Reitzenstein „Regesten d. Grafen v. Orlamünde").

Heinrich I. od. Hesico, angebl. Gatte der Gräfin Reizwey und durch seine Tochter Stammvater der Grafen v. Hohnstein, sind ganz problematisch (vergl. Quellensamml. z. Gesch. d. Grafen v. Stolberg p. [illegible]).

Otto I. geb. 1180, † vor 10. Mai 1211.

Albert II. geb. 1182, wurde gegen 1204 Graf v. Holstein oder Nordalbingien und erscheint als solcher noch urk. 11. Jan. 1225, verlor aber das Land e. a. † 18. Dec. 1244. Gem. Hedwig, Tochter Hermann I. v. Thüringen, geb. etwa 1185, verm. vor 10. Mai 1211 und lebt noch 1227.

Marianne † 1. Jan. 1216. Gem. Barnim I. v. Pommern-Stettin, verm. lt. Disp. vom 4. Sept. 1238, † 13. Nov. 1278, nachdem er Margarethe (ganz unbekannter Herkunft) und in dritter Ehe Mathilde v. Brandenburg geheirathet hatte (doch vergl. Supplem. zu Taf. XXXIV).

Zwei Töchter wurden Nonnen zu Ilmendorf spätestens 1265.

Sophie wird als Gattin Günther VII. v. Schwarzburg genannt.

Hermann II. geb. vor 26. Jan. 1196, † 27. Sept. 1247. Gemahlin Beatrix v. Meran, Tochter Pfalzgraf Otto II. v. Burgund, lebt noch 20. Apr. 1270, war wohl aber vor 23. Decbr. e. a. gestorben. (s. folgende Tafel.)

Heinrich II. † lt. Annales Erfordens. 27. Dec. 1247.

Sophie † 3. Sept. 1244. Gem. Lambert II. v. Gleichen, welcher wohl schon 1228 stirbt, denn seine angebl. gleichzeitige zweite Ehe ist wohl längst als Sage nachgewiesen.

Hermann II. † 1247. (laut vorstehender Tafel.)

Otto II. erscheint als Domherr zu Würzburg 1265—1288. | Hermann III. † 1286 und seine Gattin wird in d. Urk. v. 21. Juli erwähnt, nicht genannt. | Sophie erscheint 1254 u. 1. Juli 1256 als Gattin Heinrich VIII. zu Weida, welcher 17. Sept. vor 11. Sept. 1281 starb. | Otto III. zu Plassenburg † 13. Mai 1285. Gem. Agnes, Tochter Friedrich I. v. Truhendingen, verm. etwa 1260 oder 1262, lebt noch 14. Dec. 1286 u. † 25. Nov. (vergl. Arch. f. Oberfrank. [illegible]) wohl nach 1290. (Nachk. s. unten.) | Albert III. zu Weimar † 1293.

Elisabeth † nach 24. März 1333. Gemahl: 1. Otto v. Lobdaburg-Arnshaugk, † 1289. 2. Albert der Unartige v. Thüringen, dessen dritte Frau sie wurde, verm. zw. Jan. u. 1. Oct. 1290, † 13. Nov. 1314 (vergl. Sarhoon, Haus Wettin). | Hermann erscheint 27. Dec. 1294 als d. Aeltere. | Heinrich III. † 1320. | Elisabeth wurde Nonne zu St. Clara in Weissenfels u. † 17. April wohl 1330.

Heinrich IV. verkauft Orlamünde 27. April 1344 u. lebt noch 20. März 1354. Gem. Irmgard, wohl Tochter Heinrich VII. v. Schwarzburg-Blankenburg, verm. vor 26. Juli 1313 und † nach 26. März 13[illegible].

Heinrich V. zu Schauenforst † etwa 1357. Gem. Richza, Tochter Poppo XV. (IX.) v. Henneberg Hartenberg, lebt noch 6. Dec. 1379 als Gattin Johann II. v. Schwarzburg. | Friedrich IV. zu Droyssig lebt noch 14. März 1396. Gem. Catharine, Tochter Heinrich VI. v. Gleichen zu Tonna, lebt noch 26. Juni 1411. | Elisabeth lebt noch 1378. Gem. Burggraf Albert I. v. Kirchberg, verm. vor 18. Juli 1346, † um 1369. | Jutta oder urk. 1357 Anna, war Aebt. zu Ilm, † 1392.

Heinrich VI. lebt noch 26. Juni 1411. | Catharine erscheint mit dem Vater urk. 31. Juli 1374 und 25. Mai 1379.

Otto VIII. v. Lauenstein u. vor dem Walde † wohl zw. 25. Febr. 1404 u. 24. April 1405. Gem. Luhardis, Tochter Heinrich V. (Reuss) zu Gera, erscheint urk. 17. Jan. 1396 u. 3. Juli 1399 und † vor 29. Aug. 1415. | Hermann VII. erscheint als Domherr zu Würzburg schon 15. Dec. 1392, als Propst zu Haug bereits 5. Juli 1402, als Dechant schon 26. Juni 1411, lebte noch 1[illegible] und † 2. Juni.

Wilhelm v. Lauenstein u. Schauenforst etc. seit 1414, erscheint mit den Aeltern schon 1398, verkauft Lauenstein im Frühjahr 1430 und Schauenforst gegen 1433, † zw. 15. Oct. 1450 u. 3. März 1453. Gem. Catharine (Tochter Ludwigs v. Blankenhain) urk. 14. März 1427. | Sigmund zu Lichtenberg u. Magdala seit 30. Juni 1414, wird auch schon 1393 erwähnt, † 2. Juli 1447. | Otto IX. zu Gräfenthal und Lichtenhain, † wohl bald nach 30. März 1460. Gem. Agnes, Wittwe Heinrich's v. Blankenhain urk. um 1437. | Elisabeth wird als Gattin Heinrich XXIII. v. Schwarzburg-Blankenburg zu Arnstadt genannt, welcher 1404 starb. | Helene erscheint urk. als Aebt. zu Hof 22. Sept. 1433 bis 15. Juli 1456. | Anna war urk. 1. Oct. 1437 bis 15. Juli 1456 Nonne zu Hof. | War die in der Urkunde von 1396 erwähnte Tochter sind, bleibt noch unermittelt.

Friedrich V. lebt noch 2. Oct. 1448. Gem. Luhardis, Tochter Heinrich VII. Reuss zu Greiz. | Wilhelm erscheint als Domherr zu Cöln u. Strassburg 2. Febr. 1440 u. 14. Mai 1441. | Friedrich (VI.) urk. nur 2. Febr. 1440 und wohl vor dem Vater gestorben.

Catharine fand sich als hochbetagte Nonne bei Säcularisirung des Klosters zu Heiligenkreuz zw. 1544—46 und erklärte, daselbst bleiben zu wollen.

Otto III. zu Plassenburg † 1285. (siehe oben.)

Otto IV. war bereits 25. Juni 1286 Canonicus zu Bamberg, wurde lt. Urk. v. 1. Febr. 1293 Canonicus zu Würzburg, erscheint als Scholasticus zu Bamberg 20. Sept. 1299 bis 6. Juli 1309 und zugleich als Rector zu St. Maria in Bamberg 17. Aug. 1304 u. urk. 1307 als Pastor ecclesiae parochialis ad St. Sebaldum in Nürnberg, † 1318. | Hermann IV. zu Weimar † zw. 18. Aug. u. 20. Nov. 1319. Gem. Mathilde, Tochter Friedrich's v. Rabenswald zu Wiehe (einer Seitenlinie der Grafen v. Kevernburg angehörend), verm. vor 26. Nov. 1299 und noch am Leben 12. März 1333. | Agnes † als Aebtissin zu Himmelkron nach 1350. | Otto V. der Reiche zu Plassenburg geb. 1271, † wohl zw. 16. Mai u. 29. Aug. 1318. Gem. 1. Adelheid, Tochter Günther VII. zu Käfernburg, verm. zw. 2. Jan. 1292 u. 13. Dec. 1302, † zw. 10. Aug. 1304 u. 21. März 1305. 2. Catharine, Tochter Heinrich I. v. Henneberg, geb. um 1290, verm. lt. Vergleich vom 28. Oct. 1308, † 1322.

Elisabeth lebt noch 28. Febr. 1363. Gem. Heinrich X. v. Schwarzburg-Blankenburg, geb. vor 1. Oct. 1296, † 1336. | Otto VI. geb. 1297, † 28. Juli 1340. Gem. Cunigunde, Tochter Ulrich I. v. Leuchtenberg, verm. vor 18. Nov. 1321, u. als Wwe. erscheint sie als Aebt. zu Himmelthron, einem Cistercienserkloster zu Gründlach in Diöc. Bamberg, 14. Juli 1347 u. 14. Mai 1378, † 1386. | Ein Graf muss vor 4. April 1335 gestorben sein, da eine Wittwe Pedica v. O., Tochter Poppo v. Schaumberg 26. Febr. u. 5. Mai 1341 erscheint.

Hermann V. urkundl. 18. Mai 1301 und 1304, † vor 10. Aug. 1318. | Friedrich I. zu Weimar urkundl. schon 1306, † 25. Juli 1365. Gem. Elisabeth v. Meissen, Tochter Heinrich des Erlauchten, Wittwe Otto II. von Anhalt-Aschersleben, verm. vor 31. Mai 1322, lebt noch 2. Mai 1347. | Mathilde urk. schon 1306, † 1341. Gem. 1. Dietrich IV. von Hohnstein-Sondershausen, verm. vor 11. Aug. 1312, † zw. 1. Aug. 1319 u. 16. Jan. 1320. 2. Busso von Querfurt lt. Urk. v. 20. Febr. 1333. | Agnes urk. 1301 und † als Aebt. zu Hof. | Hermann VI. von Wiehe urk. schon 1312, aber noch minderjährig, † zw. 20. Juli 1372 u. 16. Oct. 1373. Gem. Catharine, Tochter Otto II. von Anhalt etc., verm. vor 29. Sept. 1335, † zw. 25. Nov. 1365 u. 15. April 1369. | Sophie † nach 1364. Gem. Friedrich VIII. v. Beichlingen, verm. angebl. 1339, † 1345. | Otto VII. zu Lauenstein, urkundl. erst 14. Aug. 1313, † nach 14. Juni 1334. Gem. Helene, Tochter Friedrich IV. von Nürnberg, lebt noch 1375 als Wwe. Heinrich IX. von Schwarzburg. | Elisabeth wird nur als unmündig 16. Jan. 1320 erwähnt. | Johann war unmündig 26. Jan. 1326, durch 4. Dec. 1344 bereits Deutsch-ordens-Comthur zu Weimar und vielleicht mit dem 1357 erscheinenden Comthur zu Balgå identisch.

Friedrich III. erscheint urk. 1360 bis 24. März 1381. | Mathilde und Elisabeth lt. Urk. vom 8. Febr. 1331 u. erstere wurde vor 26. April 1339 Gattin Heinrich VI. v. Hohnstein-Lohra, welcher 1. März 1357 starb. Letztere erscheint als Nonne zu Oberweimar 18. Oct. 1375 bis 25. März 1381, und † wohl vor 21. Febr. 1385. | Friedrich II. zu Lauenstein † vor 4. Oct. 1382. Gem. Sophie v. Schwarzburg-Blankenburg, Tochter des deutschen Kg. Günther, verm. 1343 und noch 29. Nov. 1381 am Leben. | Helene † 19. Juni 1369. Gem. Heinrich VIII. von Brieg, geb. 1344, † 11. Juli 1399 als Gatte od. Wittwer Margarethens von Teschen.

Anmerkungen. 1. Wie und ob Graf Albrecht v. Orlamünde (vergl. Regest. d. Stadt Königsberg, abgedr. Altpreuss. Monatsschr. B. 13, p. 24), welcher a. Juni 1401 als Bruder des deutschen Ordens erscheint, obigem Geschlechte angehört, ist bis jetzt nicht aufgeklärt.
2. Eine Irmgard v. Orlamünde will Urban V. nachträglich zu ihrer Ehe mit Günther XIII. v. Käfernburg dispensirt haben. Weiteres ist über diese Gräfin unbekannt!

TAFEL IV.

Bernhard † zw. 14. Apr. 1286 u. 1288; in Betreff Elisabeths dürfte v. Kobbe „Gesch. etc. Lauenburgs" wohl recht haben, zwei Töchter Albrecht I. aus verschiedenen Ehen anzunehmen, denn die erstgenannte Heinrich's erscheint urkundl. noch 13. März 1274 u. ist vor 2. Febr. 1285 im Kloster zu Coswig begraben, während die Gräfin Elisabeth v. Brena noch 26. März 1293 vorkommt; ihre Söhne aber schon 1276 urk. mit dem Vater erscheinen!

Johann I. erscheint bereits als selbstständig mit dem Bruder 20. April 1271 u. † 1285 ohne jemals mit dem Bruder getheilt zu haben, erst die Söhne bildeten die Nebenlinie Lauenburg; Johann soll auch 1285 Elisabeth, Tochter Bernhard I. geheirathet haben, seine zweite Frau Ingeburg (über deren Ursprung noch nichts Sicheres feststeht, da sie in vielen Nachrichten schwedische Königstochter — Erich v. Smaland wäre ja nur Herzog — genannt wird) erscheint urk. bereits 16. Nov. 1273.

Albert II. heirathete die Tochter König Rudolph I., sein Schwager Heinrich III. ist wohl erst 1275 geboren und † 3. Dec. 1295. Viele Schriftsteller nennen Heinrichs Gattin Helene, welche erst in zweiter Ehe an Friedrich III. vermählt wurde, dessen erste Frau Elisabeth v. Meran zugleich Pfalzgräfin v. Burgund war — Mathilde, Albert II. Schwester, † nach 1285 und deren Wittwer wohl zw. 25. Aug. 1295 u. 13. Mai 1298.

Rudolph I. † 12. März 1356 und heirathete in erster Ehe vor 21. Mai 1298, in zweiter vor 30. April 1320; sein Bruder Albert ist vor 16. März 1293 geboren und war Vorstand der Kirche St. Stephan zu Wien und seit 6. Sept. 1318 Propst zu Nordhausen, während Wenzel seit 2. Sept. 1310 Vorstand der Kirche zu[illegible] war und als Domherr zu Halberstadt starb; Anna, Albert II. Tochter, heirathete Friedrich d. Lahmen nach 25. Sept. 1309, erscheint aber erst 6. Jan. 1317 als Gattin Heinrich des Löwen. Ihr Bruder Otto muss wohl jung gestorben sein, erscheint nur auf dem Grabstein der Mutter und in Urkdn. zu Anf. des 14. Jahrhunderts.

Eine Tochter Rudolph I. Namens Anna erscheint mit der Schwester Agnes urkundl. 25. Sept. 1328, Albert ist erst nach dieser Zeit geboren, ihm folgt im Alter Otto (dessen Gattin Prinzessin v. Braunschw.-Lüneburg war und wohl 17. April 1350 starb, und der Sohn, Herzog v. Lüneburg heirathete Freitag 5. Mai 1374 Catharine, Tochter Bernhard III. von Anhalt-Bernburg). Johann und dann Rudolph II. (dessen Tochter Elisa 1[illegible] starb, während der Sohn nach Vaters Tode geboren, bald wieder starb).

Wenzel heirathete p. p. 29. Jan. 1367, urk. aber erscheint die Gattin erst 11. Mai 1371; seine Schwester Elisabeth heirathete Waldemar I. v. Anhalt zu Zerbst u. Cöthen vor 22. Juni 1344; Agnes, die andere Schwester, Bernhard III. v. Anhalt-Bernburg, Beatrix Albert II. v. Anhalt-Dessau; Helenens Gatte war Johann I. v. Hardegg, Burggraf v. Magdeburg, der bereits im Nov. 1369 als Gem. Mariens v. Mals starb.

Anna, Rudolph III. Schwester, erscheint urk. schon 30. April 1387 als Gattin

TAFEL V.

TAFEL VI.

TAFEL VII.

TAFEL VIII.

Wilhelm, Sohn Adolph I. wurde unter dem Namen Ludwig Franciscaner u. † als Guardian des Barfüsser Klosters zu Magdeburg; sein Bruder Magnus geboren um 1455 war seit 1486 Dompropst zu Magdeburg; der andere Bruder Adolph war seit 1488 Dompropst zu Magdeburg und wurde Bischof zu Merseburg 5. März 1514. — Magdalene, Tochter Albert V. wurde als Aebtissin 13. Oct. 1511 confirmirt.

Mathilde, Tochter Sigmund I. wurde erst 1486 Aebtissin; ihre Schwester Elisabeth † vor 14. Jan. 1429; Georg I. ist geb. etwa 1390, seine erste Gattin war eine Fürstin von Anhalt-Bernburg und die vierte wohl 1455 ihm verm.; Georg I. Bruder ist Johann (III.) † zw. 18. Mai 1455 und 5. Juli 1459; Albert VI. Gattin heisst Sophie.

Nur eine Tochter Georg I. Namens Hedwig war Nonne zu Brena; Agnes erscheint als Dechantin zu Quedlinburg 12. Nov. 1482 u. 24. Sept. 1483, wurde dann erst Aebt. zu Kaufungen etc.; die Aebt. Scholastica zu Gernrode † 31. Aug. 1504; Georg II. ist älter als Ernst; Anna, Gräfin v. Oldenburg, stammte aus Vaters vierter Ehe und erfolgte ihre Leibgedingsverschr. 29. Sept. 1498.

Barbara, Tochter Waldemar VI. heirathete in erster Ehe Heinrich III., Burggrafen v. Meissen, Wittwer Mathildens v. Schwarzburg, 25. Nov. 1503, und in zweiter Ehe den böhm. Edelmann Johann jun. v. Kolowrat auf Maschau um 1521; ihre Schwester Margarethe † 7. Oct. 1531 u. war deren Gatte Johann v. Sachsen 1468 geboren.

Johann IV. (II.) heirathete zw. Fastnacht 1533 und 21. März 1534; sein Bruder Georg III. war seit 1524 Dompropst zu Magdeburg, seit 24. Juni 1544 Coadjutor zu Merseburg, wurde nur 1545 ordinirt.

Carls Gattin war eine Fürstentochter v. Pommern-Stettin, heirathete in zweiter Ehe Heinrich VI. Reuss zu Meissen und in dritter Ehe Jostus oder Jobst II. v. Barby.

Joachim (Ernsts) Wittwe † als Wittwe Georg I. v. Hessen Darmstadt; der Schwager Albert V. v. Barby † nach Feb. 1586; Bernhard VII. Gattin war eine Prinzessin v. Braunschw.-Lüneburg zu Gifhorn; Elisabeths Gatte Wolfgang II. v. Barby heirathete in dritter Ehe Jacobäa v. Baden. — Anna Marie, Tochter Joachim (Ernsts), ist 13. Juni 1561 geboren u. verm. 20. Mai 1577, und ihr Schwager Johann Georg v. Brandenburg heirathete in zweiter Ehe Sabine v. Brandenburg-Baireuth.

TAFEL IX.

Sophie Elisabeths Gatte Georg Rudolph v. Liegnitz, verm. 4. Nov. (Zeitschr. f. Schles. 22, 235) 1614, † 24/14. Jan. 1653 und ihre Schwester Sibille Christiane ist 20. Juni 1606 geboren und heirathete 16. Dec. 1627. — Wilhelm Heinrich v. Bentheim, Schwiegersohn Johann Georg I., ist 4. Feb. 1584 geboren, dessen Schwager Wilhelm (IV.) v. Sachsen-Weimar. — Cunigunde Juliane starb 26. Sept. a. st. 1683 und war ihr Gatte in erster Ehe an (Sophie) Juliane v. Waldeck zu Wildungen verheirathet.

Johann Casimir heirathete in zweiter Ehe eine Fürstin v. Anhalt-Bernburg, sein Bruder (Georg) Aribert hatte noch eine Tochter Dorothea Ariberta, geb. 16. Oct. 1628, welche bald starb.

Johann Georg II. Gattin war Henriette (Catharina), Tochter (Friedrich) Heinrichs, und seine Schwester Louise heirathet 30. oct. 21. Nov. (a Cal. Dan.) 1648. — Elisabeth Albertine, Johann Georg II. Tochter, wurde als Aebt. introducirt 10. Juni 1686; ihr Schwager ist Heinrich Casimir II.; der andere Georg Joseph v. Radziwill.

Leopold heirathete Anna Louise (gewöhnlich Anna Liese genannt), Tochter des Apothekers u. zweiten Bürgermeisters Rudolph Föhse zu Dessau, 8. Sept. 1698. Von seinem Sohne (Wilhelm) Gustav stammt die (seit 3. Jan. 1761) gräfliche Familie v. Anhalt. Leopold Max war an eine Fürstin v. Anhalt-Cöthen, die Schwester Louise an Victor Friedrich v. Anhalt Bernburg vermählt. Leopoldine (sic) war 12. Dec. 1716 geboren und lebte von ihrem Gatten seit Mai 1751 getrennt. (Henriette) Amalie war 1720 geboren.

(Leopold Friedrich) Franz (sic!) nahm den Herzogstitel 13. April 1807 an; die Schwester Casimire war an Simon August v. Lippe-Detmold, der Bruder an die Tochter Ferdinand (Ludwigs) v. Lippe-Biesterfeld zu Weissenfeld verheirathet.

Leopold (Friedrich) † 22. Mai 1871, die Schwägerin war Caroline, Tochter Carl (Günthers) und Wilhelm (Waldemar) verm. seit 1840, doch wurde die Gattin erst 25. Juni 1842 zur Freiin v. Stolzenberg erhoben und † 20. März 1868.

Friedrichs (geb. 1831) Schwager Friedrich Carl † 15. Juni 1885; der Sohn Leopold starb 2. Feb. 1886 und hatte Elisabeth, Tochter Friedrichs v. Hessen-Cassel 26. Mai 1884 geheirathet, welche geb. 13. Juni 1861, und hatte aus dieser Ehe eine Tochter Antoinette, geb. 3. März 1885. — Friedrich geb. 1856 wurde Erbprinz, welcher 2. Juli 1889 Marie, Tochter Wilhelms v. Baden geheirathet hat, die geb. 26. Juli 1865; Elisabeth, geb. 1857, ist seit 17. April 1877 Gattin Adolph Friedrichs v. Mecklenburg-Strelitz, welcher geb. 22. Juli 1848.

TAFEL X.

Friedrichs zu Harzgerode erste Gattin ist 1/11. Jan. 1642, seine Tochter Anna Ursula wirklich 26. Juni 1646 geboren (Anmerk. 1 also ganz überflüssig!), der Schwager war Johann Casimir v. Anhalt-Dessau, der Schwiegersohn Wilhelm Ludwig v. Anhalt Cöthen. — Christian II. Tochter Sophie ist 14. Aug. geboren und 12. Sept. 1627 gestorben und heisst der 1642 geb. Sohn Carl Ursinus.

Lebrechts zu Hoym zweite Frau war die Tochter Georg Johanns v. Weede, Carl Friedrichs zweite Frau wurde zur Reichsgräfin v. Ballenstädt erhoben (das erste Ballenstädt ist zu streichen!), seine Schwiegersöhne waren August I. v. Schwarzburg-Sondershausen u. Leopold v. Anhalt-Cöthen; die Söhne zweiter Ehe wurden zwar zu Fürsten erhoben, durften sich aber nur Fürsten v. Bärenfeld lt. kaiserl. Entschliessung v. 29. April 1748 schreiben.

Victor Friedrichs erste Frau war eine Fürstin v. Anhalt-Dessau, die zweite eine Tochter Albert (Friedrichs) etc. und die dritte starb 1767, die Schwiegersöhne waren Christian Günther III. v. Schwarzburg Sondershausen, Friedrich August v. Anhalt Zerbst, August II. v. Schwarzburg-Sondershausen und starb die Tochter dritter Ehe, Gattin Otto Heinrichs v. Solms-[illegible] 4. Juli 1800. — Alexius (Friedrich Christians) Tochter Louise † 3. Dec. 1882.

TAFEL XI.

Als Lebrechts zu Hoym Tochter ist noch einzuschalten Victorie Hedwig, geb. 2. Mai 1701 † 30. Mai 1762. — Victor I. Schwiegersohn war (Friedrich) Christian v. Brandenburg-Baireuth. Carl (Ludwig) war in einer ersten Ehe verm. an Benjamine (Gertrud) Keiser, Tochter des Platzmajors zu Stevensweard in d. jetzigen Niederländ. Prov. Limburg seit 25. März 1748, doch wurde die Ehe für nichtig erklärt 26. Juli 1757 und stammt aus dieser Ehe Caroline geb. 9. Jan. 1749 † 28. Juni 1841 verm. 6. Jan. 1776 an Thomas de Mahy, Marquis de Favras, welcher geboren 26. März 1744 u. 19. Feb. 1790 starb. Carl (Ludwigs) Schwager Wolfgang Ernst II. v. Isenburg etc. † als Gatte einer Prinzessin Reuss-Greiz. Carl (Ludwigs) Bruder Victor geb. 1741 † 1790, führte noch einen zweiten, weniger bekannten Namen (Amadeus).

Adolph war an die Tochter Johann Wolfgangs v. Hatlingen etc. vermählt, die Schwiegertochter Caroline Wentzel war 24. Aug. 1773 geboren; der Schwiegersohn Franz (Carl Eduard) v. Wimpffen. — Victor II. Gattin war eine Tochter Carls v. Nassau-Weilburg.

Lebrechts zu Cöthen Gattin Sophie Eleonore v. [illegible] war 8. Oct. [illegible], sein Grossneffe August Lebrecht 24. Mai 1655 geboren; Leopolds erste Gattin ist eine Prinzessin v. Anhalt-Bernburg, die zweite eine Tochter (Friedrich Wilhelm) Adolphs v. Nassau-Siegen und wieder vermählt an Albert Wolfgang v. Schaumburg-Lippe, Leopolds Schwiegersohn war Leopold (Max) v. Anhalt Dessau und starb die zweite Tochter, Leopoldine Charlotte 4. Sept. 1739.

August (Ludwig) residirte bis 1728 zu Warmsdorf, seine Gattin wurde zur Reichsgräfin erhoben und ist hier Warmsdorf zu streichen! Sein Schwager Ernst August I. v. Sachsen-Weimar † als Gem. Sophie Charlotte Albertinens v. Brandenburg-Baireuth!

TAFEL XII.

(Friedrich) Erdmann erhielt von seinem Onkel Johann Erdmann v. Promnitz zu Sorau die Standesherrschaft Pless durch Schenkung v. 21. Juni 1765. — August (Christian Friedrichs) Gattin war die Tochter Friedrichs v. Nassau-Usingen, von welcher er 1. Oct. 1803 geschieden wurde.

Rudolphs zu Zerbst Schwiegersöhne waren August v. Braunschweig zu Wolfenbüttel u. Friedrich v. Holstein-Sonderburg-Norburg, Wittwer Julianens v. Sachsen-Lauenburg; und starb Rudolphs Tochter Elisabeth 3. Juni 1630 und deren Neffe Friedrich lt. Notif. 23. Nov. 1680.

Johann Ludwigs zu Dornburg Gattin würde richtiger Christiane Eleonore zu schreiben sein, auch war sein Schwager Johann Ernst (III.) v. Sachsen-Weimar.

Johann Augusts Schwester Magdalene Auguste heirathete 7/17. Juni 1696. — Christian August heirathete die Tochter von Christian (August) v. Holstein-Gottorp und sein Sohn Friedrich August Caroline v. Hessen-Cassel p. p. 8. u. verm. 17. Nov. 1753 und war Friedrich Augusts zweite Gattin eine Tochter Victor Friedrichs v. Anhalt-Bernburg.

BADEN.

TAFEL XIII.

Berthold I. war 1061 bis 1077 [illegible] Herzog v. Chärnthen, seine Gattin Richenza erscheint urk. auch unter dem Namen Richwara, der Schwiegersohn war Diepold I. v. Vohburg, welcher 7. Aug. 1078 starb. Die Tochter Gisela wird als erste Gem. Ladislaw I. v. Ungarn genannt, welcher [illegible] Juli 1095 als Wittwer Adelheids v. Rheinfelden starb. — Berthold III. fiel in der Schlacht bei Molsheim, 19. Feb. 1122, seine Schwester Agnes war [illegible] Wilhelm III. v. Burgund nach 1107 verm., welcher [illegible] Feb. 1127 starb; der Schwager Pfalzgraf am Rhein † 6. Feb. um 1133, der andere Schwager Ulrich II. v. Gammertingen um 1137. — Berthold IV. † 8. Sept. 1186, der Bruder Conrad lebt noch 1168 und † [illegible] Necrol. v. St. Peter im Schwarzwald [illegible] Jan.; seine Schwester Hermann † 1162, heirathete 1157 Humbert III. v. Savoien, Wittwer Faydida v. Toulouse, welcher noch zweimal verheirathet war u. 4. März [illegible] 1189 starb; der Todestag der Herzogin Clementia ist wohl im Necrol. v. St. Peter im Schw. verzeichnet, wo es heisst: Clementia ducatrix [illegible] Dec. — Berthold V. † 18. Feb. 1218, seine erste Gattin wurde 1180 geschieden, und seine Wittwe scheint bald nachher Eberhard v. Kirchberg geheirathet zu haben; seine älteste Schwester Agnes † [illegible] Necrol. v. Tennenbach [illegible] Mai und ihr Gatte wohl nach demselben Necrol. 12. Jan.; Anna, die zweite Schwester wurde Erbin d. burgund. Güter, und ihr Gatte Ulrich starb wohl schon 1225.

Albert I. erscheint urk. zuerst 1148 und als Herzog v. Teck 1187 bis 13. Nov. 1195, sein Sohn Albert II. mit [illegible] 1215 u. wird der jüngere Berthold zw. 11. März u. 5. Mai 1223 Bischof, während der ältere Conrad I. der Ahnherr aller späteren Herzöge v. Teck, Vater der vier Geschwister (vgl. Taf. XIV. im Texte) ist.

Zur Vervollständigung von Anmerk. 1: die Genealogie der Herzöge v. Teck findet sich zuerst bei Pfaff, Herzöge v. Teck, [illegible] Jahrbr. f. Würtemb. Gesch. v. [illegible]; Agnes v. Teck war schon 24. Juni 1296 Wittwe Wilhelms v. Kirchberg und eine ihrer Tochter Agnes Gattin Ulrichs IV. v. Matsch; eine Agnes v. Teck wird als Gattin Eberhard II. v. Waldburg († vor 14. März 1292) genannt; eine Agnes [illegible] war Gattin Gottfrieds v. Zimmern; der Sohn Conrad II. v. Hohenlohe erscheint als genannt v. Teck urk. 6. Mai 1290 bis [illegible] Juli [illegible]; eine Agnes v. Teck † 28. Mai als Gattin Gottfried II. v. Haimburg; eine Adelheid v. Teck (vergl. Zeitschr. f. Gesch. d. Oberrheins, B. [illegible], p. 45) † vor 18. März 1342 als Gattin Conrads v. Berg, genannt v. Schilklingen. Anmerkungen 2—4 sind ganz zu streichen!

TAFEL XIV.

In der Uebersicht: Conrad I. † vor 1241 und seine Söhne sind Ludwig I. † vor 24. Mai und begraben 14. Dec. 1289, dessen Wittwe † vor 12. Mai [illegible]; Hermann I. lebt mindestens bis 12. Mai 1275, vielleicht sogar noch 14. Feb. 1279; Conrad II. Wittwe † vor 4. Dec. 1294, und ihre Schwiegertochter, Wittwe Conrad III., als Nonne zu Stetten im Januar eines ungenannten Jahres.

Von Ludwig I. Kindern † Ludwig II. 20. Jan. 1304 und Agnes heirathet B. Eberhard v. [illegible] Juli 1293 vor 22. Oct. 1295 und war der Bischof Johann gar nicht ihr Sohn.

Hermann II. Söhne sind Ludwig IV., dessen Wittwe 22. Sept. 1342 urk. erscheint, Hermann III. (der angebliche Hermann IV. ist zu streichen!) v. Oberndorf u. Schilka † zw. 10. Aug. 1349 u. 12. Juni 1361; Ludwig V. genannt Lebmann, verm. an die Tochter Hermanns v. Frohberg lt. Urk. v. 22. April 1318 bis 22. Juni 1327 und lebte selbst noch 21. Juni 1327, und eine Tochter Friedrich II. und Agnes v. Montfort etc. Lucardis, war verm. an Hermann IV. v. Castell, wurde 2. Feb. 1363 Wittwe und lebte noch 1370. — Friedrich III., der wahrscheinliche Sohn Ludwig IV., erscheint bereits 10. Juni 1348 und sein Schwager Reinold stirbt schon vor 10. Juni 1363.

Conrad II. Sohn ist Ludwig III., verm. an die Tochter Friedrichs v. Truhendingen, welche 18. Aug. 1346 starb und zu [illegible] begraben wurde. Dessen Kinder sind in Wirklichkeit Conrad IV. (dessen Gattin lt. Urk. v. 10. Juni 1336 Anna heisst und Wittwe 5. Sept. 1362 wurde), Simon II. und Uda, welche bereits als Nonne zu Zimmern im Ries 24. März 1333 und als Aebt. 1. Juli 1336 bis 25. Mai 1378 erscheint. — Conrad IV. Kinder sind Friedrich IV., dessen Gattin Anna urk. zuerst 17. März 1350, welche als Wittwe 16. Nov. 1392 starb, und Irmgard, verm. vor 1363 an Eberhard III. v. Nellenburg, welcher 10. März 1371 starb, denn der Sohn aus dieser Verbindung, Wolfram, heisst 1371 Friedrich IV., [illegible] nepos. — Friedrich IV. Kinder sind Conrad V. († zw. 20. Feb. 1394 und 10. Juli 1398, verm. an Viridis seit 11. Juni 1377 und angebl. Vater von Maria, Gattin Johann II. v. Werdenberg-Sargans, welcher vor 9. Juni 1427 starb); Ulrich († 7. Aug. 1430); Beatrix (deren Anniversarium im Necrol. v. Kaisheim 9. April verzeichnet ist); Agnes (deren Gatte Heinrich IV. v. Werdenberg, der Trochtelfinger Linie angehörend, sich wieder an eine [illegible] verheirathete und lt. Mitth. etc. d. Ver. f. Hohenzollern VI, p. 6, Anm. 5, wohl erst nach 1393 starb), und eine Wendelburg, zu Mindelheim vor 22. April 1390 begraben.

Hermann II. v. Baden Schwester Mathilde ist im Necrol. v. St. Paul 16. Jan. erwähnt und starb nach Cohn vor 15. Sept. 1158. — Hermann IV. † 1243 und sein Bruder Friedrich wohl vor 1231.

Heinrich II. v. Hochberg † vor 25. Juni 1290, seine Gattin muss wohl eine Tochter Rudolphs v. Usenberg (vgl. Urkdb. d. Strassburg I, [illegible]) vor 6. April 1256 geworden sein; von seinen Schwiegersöhnen † Egeno III. 20. April 1324, Walther v. Rabichenburg vor 1271. — Heinrich IV. heirathete etwa 1326 und erhielt päpstl. Dispense 10. Juli 1333, der Bruder Hermann erscheint als Grossprior bereits 1. Mai 1334. — Hesso I. war in zweiter Ehe an die Tochter Conrad II. v. Tübingen vermählt und die Tochter heirathete Friedrich VII. v. Leiningen, welcher 1437 starb.

Rudolph I. besass Sausenberg seit 1306, seine Tochter Anna heirathete zu Anfange 1310 Friedrich v. Freiburg, welcher 9. Nov. 1356 als Gemahl Mathildens v. Montfaucon, der Wittwe Richards de la Roche starb. — Rudolph II. † zw. 1352 u. 6. Juli 1356 und eine Tochter von ihm Agnes erscheint urk. 8. Sept. 1380 und 10. Juni 1391 (vgl. Trouillat, monum. etc. de Bale IV 615 u. 681).

TAFEL XV.

Otto v. Sausenberg war bereits Bischof 21. Jan. 1131 u. erscheint als solcher wohl zuletzt 30. Juli 1414; der Todestag Veronas ist 19. März und heirathete als B. Heirathsabr. v. 5. Dec. 1413 und war ihres Gatten Heinrich V. letzte Gem. Elisabeth v. Lupfen; Wilhelm war schon 23. Feb. 1424 mit Elisabeth verheirathet; Ursula, deren Tochter, heirathete in zweiter Ehe Ulrich V. v. Montfort und Wilhelms Ursula war Erbin v. Rötteln oder Hochberg! Rudolph IV. Tochter erscheint 1479 als Frau von Montaigu u. Philippes Gattin (vgl. Basler Chroniken 3, 264).

Hermann IV. v. Baden † 1243, seines Sohnes Hermann V. Gattin war Gertrud, Erbin v. Oesterreich, Wittwe Wladislaw Heinrich III. v. Böhmen und Markgrafen v. Mähren; der Schwiegersohn Ludwig II. v. Lichtenberg lebte noch 20. Juli 1252. — Adelheid, Rudolph I. Tochter wurde 1263 Aebtissin; Rudolph II. erscheint als Gatte Adelheids schon 2. Mai 1285; Hesso heirathete die Tochter Walter III. v. Klingen zu Klingnau.

Rudolph Hessos Gattin Johanna war Erbin v. Hericourt und heirathete Ende 1325, beider Töchter, Margarethe Erbin v. Hericourt, u. Adelheid heiratheten vor 26. Aug. 1347, Adelheids zweiter Gatte Walram IV. v. Thierstein, Wittwer einer Gräfin v. Rappoltstein, heirathete vor 4. April 1369 und lebte noch 27. Juni 1391. — Rudolph IV. heirathete in erster Ehe zw. 5. Oct. 1308 u. 27. Febr. 1313. Friedrich III. und Rudolph V. waren an die Tochter Rudolph Hessos schon 26. August 1347 verheirathet.

Rudolph VI. † 21. März 1372, seine Gattin erst nach 1410, die Schwester Margarethe war die Erbin von Hericourt und heirathete in zweiter Ehe Heinrich v. Lützelstein, Wittwer Henriettens v. Bar. — Bernhard I. heirathete Margarethe vor 22. Juni 1368, welche wohl 1409 starb, da sie schon 1411 als verstorben erwähnt wird; Mathilde, Wittwe Heinrich XIII. (XI.) v. Henneberg machte ihr Testament 3. Aug. 1425 [illegible] u. † wohl an demselben Tage. — Anna, Bernhard I. Tochter lebte noch 6. Dec. 1421, ihr Gatte Ludwig IV. v. Lichtenberg † 28. Aug. 1434; Beatrix † gegen 1421, deren Gatte Emich VI. erst 1452; Margarethe heirathete Adolph II. im März 1419; die zweite Margarethe ist zu streichen, wodurch Anmerk. 8 überflüssig wird; Agnes lebte noch lt. Urk. 15. März 1434, letztere als Gattin Gerhard VII. 2. Juni 1432 Verzicht u. ihr Gatte starb lt. Memorie 23. Juli 1433 (vergl. Zeitschr. f. Schlesw.-Holst. [illegible], [illegible] cmp. 185, Urkdb. d. Stadt Lübeck 7, 535).

TAFEL XVI.

Georg geb. 1433 wurde Coadjutor zu Metz 1457 u. succed. als Bischof erst 1459 und wurde 11. Juli als Bischof bestätigt; sein Bruder Marcus † als Custos und Kellerer zu Strassburg; Mathilde wurde Aebt. zu St. Claren — Zimberg heirathete Engelbert II. v. Nassau Dillenburg, mit dem sie in Wirklichkeit Sonntag 29. Jan. 1469 vermählt wurde; die Schwester Margarethe war seit 1477 Aebtissin! — Christoph I. heirathete 19. Dec. 1469, von seinen Kindern schlägt der Erzbischof Jacob als II., Bernhard IV. erhielt Baden Baden lt. Vertr. v. 13. Aug. 1535; Philipp I. von Sponheim war Vater Jacobäas; Ernst v. Durlach resignirte 26. Sept. 1550 und heirathete Anna v. Hohenheim vor 1. März 1561; Rosina heirathete in zweiter Ehe Johann v. Au zu Wachendorf, welcher 29. Oct. 1571 als Wittwer Marias v. Neueneck starb; Pfalzgraf Johann II. zu Simmern † als Gatte Maria Jacobäas etc.

Philiberts Tochter Jacobäa heirathete Johann (Wilhelm) und starb in der Nacht v. 2.—3. Sept. 1597; Philiberts Schwiegersohn Wilhelm v. Rosenberg Gatte Anna (Marie) heirathete in letzter Ehe Polyxena v. Pernstein und ist Georg Ludwig v. Leuchtenberg 1563 geboren.

Eduard (Fortunatus) liess sich nochmals trauen 14. Mai 1593, sein zweiter Sohn Hermann Fortunatus † lt. Leichenstein 4. Jan. 1665, heirathete die Wittwe Johann Ludwigs v. Hohenems, welche urk. noch 12. Jan. 1635 erscheint, die zweite Frau † 1675 70 Jahre alt; von den Töchtern wurde (Marie) Sidonie Gattin Philipp (Christoph Friedrichs) v. Hohenzollern, Eleonore Sophie Gattin von Johann (Franz (Desideratus) v. Nassau Siegen, welcher 28. Juli 1627 geboren ist; und starb Eleonore Sophie 14. April 1668.

Hermann geb. 1628 † als Domherr zu Cöln. — Ludwig (Wilhelm) heirathete (Franziska) Sibille (Auguste) v. Sachsen Lauenburg. — Leopold Wilhelm I. war in erster Ehe an die Gräfin v. Millesimo, Hermanns v. Cervain zu Clandenize Wittwe, in zweiter Ehe an die Wittwe Wolfgang Wilhelms) v. Pfalz vermählt und der Sohn aus zweiter Ehe Carl Friedrich Ferdinand war 14. Sept. 1668 geboren.

TAFEL XVII.

Ludwig (Wilhelm) — vergl. die Uebersicht — † 1707 und sein Sohn Ludwig Georg war in erster Ehe an eine Tochter Adam (Franz Carls) v. Schwarzenberg verheirathet.

Anna, Tochter Ernsts v. Baden-Durlach verzichtete am Tage der Verheirathung 11. Feb. 1557; deren Schwager Wilhelm v. Sulz † um 1566; Elisabeth geb. 1516 wurde in erster Ehe im Dec. 1529 Wittwe und heirathete Conrad v. Castell 30. Juli 1543; die Schwester Margarethe ist wirklich 1518 geboren; Carl II. Gattin ist 17. Juni 1523 geboren; Ladislaus v. Haag † als Gatte Emiliane du Pic a Carpi. — Jacob III. war der Vater Jacobäas; sein Bruder Georg Friedrich resignirte 18. April 1622 und hatte zur ersten Frau Juliane (Ursula), Tochter Rheingraf

Friedrichs v. Salm zu Neufville und war die Tochter Anna Amalie verheirathet mit Wilhelm (Ludwig) v. Nassau-Saarbrück u. † 18. Nov. 1651. — Friedrich V. heirathete in dritter Ehe (Marie) Elisabeth, Tochter Wolrad IV. v. Waldeck zu Eisenberg, in vierter Ehe Anna Marie, die Erbtochter Jacobs v. Hohengeroldseck; der Schwiegersohn Johann Gustafson Banér zu Mulhammar ist 23. Juni [illegible] 1585 geboren.

Carl Magnus geb. 1651 heirathete die Tochter von Georg Friedrich II. v. Hohenlohe-Waldenburg zu Schillingsfürst, [illegible] Jan. 1684, seine Tochter Emich etc. v. Leiningen-Hardenburg zu Hardenburg. — Gustav Adolph wurde insgeheim Catholik 24. Aug. 1650, bekannte sich öffentlich als solcher 1663, wurde Benedictiner zu Fulda 5. Oct. 1667, als Coadjutor zu Fulda 3. Sept. 1668 confirmirt und als Abt 12. April 1671 gewählt und wurde Abt zu Kempten [illegible] März [illegible] 1673.

TAFEL XVIII.

Friedrich VI. Tochter Christine heirathet in erster Ehe Albert v. Brandenburg-Ansbach, den Wittwer Herz. Leopold v. Württemberg-Mömpelgard, welcher geb. 18. Sept. 1680, in zweiter Friedrich I. v. Sachsen-Gotha; die Schwester Catharine (Barbara) wurde im Juli 1691 Canonissin; Carl Gustavs Tochter ist richtiger (Christine) Juliane zu schreiben. — Von Carl Wilhelms Schwestern waren Catharine Gattin Johann Friedrich v. Leiningen-Dagsburg zu Hardenburg; Johanna Elisabeth verm. an Eberhard IV. Ludwig v. Württemberg; Christophs Gattin Marie Christiane Felicitas ist [illegible] Dec. 1697 geboren.

Carl Friedrich erhielt die kurfürstliche Würde 1. Mai 1803, [illegible] aber erst am 12. Aug. 1806, sein Sohn Max geb. 1796 † 6. März 1882, und dessen Schwester Amalie war an Carl Egon II. verheirathet.

Leopold I. Sohn Carl geb. 1839 heirathet Rosalie „Gräfin v. Rhena", Tochter Wilhelms v. Benst, 17. Mai 1871, welche geb. 10. Juni 1845; Carls Nichte Marie geb. 1865 heirathet 2. Juli 1889 Friedrich v. Baden, welcher geb. 17. Aug. 1858.

Friedrich (Wilhelm) geb. 1857 heirathete 20. Sept. 1885 Hilda, Tochter Adolphs v. Nassau, welche geb. 5. Nov. 1864; Victoria 20. Sept. 1881 Gustav v. Schweden, Herzog v. Wermland, welcher geb. 16. Juni 1858; Ludwig (Wilhelm) geb. 1865 † 23. Feb. 1888.

Caroline geb. 1843 war an Max I. v. Baiern, Wittwer Wilhelminens v. Hessen-Darmstadt vermählt. — Louisens (geb. 1811 † 1854) Gemahl † 4. Aug. 1877, Josephinens (geb. 1813) Gemahl 2. Juni 1885 und Marie, verwittwete v. Hamilton † 11. Oct. 1888.

BAIERN. SCHEYERN-WITTELSBACH.

TAFEL XIX.

Am Ende der Einleitung: Luitpold, Grafen im Donaugau und an der Laber (kommt vor 790—827), doch ist (vergl. Forsch. z. deutsch. Gesch. 18, 580) die Verbindung Otto im Kelsgau mit den Nachkommen Markgraf Luitpolds nicht sicher herzustellen und mehrfach auf Hypothesen beruhend. — Frdr. Stein (vergl. Kg. Conrad I. v. Franken und „Beiträge z. Gesch. Kg. Conrad I., abgedr. im Arch. d. hist. Ver. f. Unterfranken B. XXI") glaubt Ernst I. entstamme einer bair. Optimatenfamilie und sei an die Schwester Gebhards im Lahngau vermählt gewesen. — Ernst II. ist möglicherweise an jene Gisela vermählt gewesen, welche eine Fuldaische Vergabung als Gattin eines Grafen Ernst nennt. — Luitpold erscheint schon 29. Sept. 895 als Markgraf der Ostmark. — Erzbischof Herold v. Salzburg wird 1. März 956 geblendet, Ostern 958 abgesetzt und ist sein Todestag 29. Aug.

Arnulph I. erscheint schon 908 als Herzog und wird (vergl. Huber, Gesch. Oesterreichs I. 135) Berthold I. 938 Herzog v. Baiern und † 947; seine Wittwe † als Aebt. d. heil. Kreuzkloster zu Bergen in d. Eichstädt. Diöcese, Heinrich III. war 976—78 Herzog v. Kärnthen, erstlich u. zugleich Herzog v. Baiern 983 bis gegen Anf. Juli 985, † 5. Oct. 989. — Arnulph II. stirbt (wohl b. Neuburg v. Freisingen 22. Juli) 954; Judith ist um 925 geboren u. heirathet gegen 942; Adelheid geb. um 920 heirathet um 944, ihr Gem. Burkard v. [illegible] erscheint als Burggraf um 970, und der Sohn Heinrich Bischof zu Augsburg † 14. Juli 982; — von einer dritten Tochter Arnulphs I. stammte noch Tomek (vergl. Zeitschr. d. böhm. Museums v. 1856 u. Forsch. z. deutsch. Gesch. III, 256) Slawnik, der Vater Erzbischof Adalberts v. Prag. — Berthold II. Gattin Cunigunde überlebte ihren Gatten; Berthold III. † 14. Juli 982 und Mathildens Gem. Babo (Burggraf um 770) war der Ahnherr der späteren Burggrafen. — Babo II. erscheint 956 als Besitzer von Gütern an der Amber u. 955 als Schirmvogt zu Freising.

Otto II. im Kelsgau † wohl erst zw. 1079 u. 1080 und heirathete Haziga um 1050. Von seinen Söhnen heirathete Eckardt I. wohl vor 1090 Richardis, Stieftochter des Herzogs v. Sachsen, Tochter Ulrich I. v. Kärnthen u. † wohl gegen 1091; Bernhard I. lebte noch 1102 u. † vor 7. Nov. 1104; Otto III., welcher Vater Otto IV. des Gründers v. Indersdorf; Eckhard II., welcher Schirmvogt zu Ebersberg war und 1130 ins Kloster Scheyern trat; und Bernhard II., welcher um 1129 Domherr zu Freising war. Arnulph III. Wittwe lebte noch 1104.

In d. Anmerk. 2 Koch-Sternfeld „die altgefeierte Dynastie d. Babo v. Abensberg, abgedr. Verhandl. f. Niederbaiern Bd. XIV."

TAFEL XX.

Conrad I. Gattin war vielleicht Tochter Ulrich I. v. Kärnthen, Stieftochter des Herzogs Magnus v. Sachsen, demnach Eckhard I. Schwägerin; sein Sohn Arnulph V. lebt noch 1157 und sein Neffe Conrad III. † wahrscheinl. 1182, wenn also Berthold v. Andechs als das Meranier bereits 24. April 1178 vorkommt, wenn er sich auch noch später als Graf v. Andechs zeigt, könnte er (vergl. Riezler „Gesch. Baierns I, 750") nur als definitiver Nachfolger gewesen sein. — Otto v. Valey stirbt 14. Juni nach 1130, nach Köhler „[illegible] Gesch. I" ist nur eine Schwester von ihm „Agnes" Nonne zu [illegible] gewesen; Ottos Tochter heisst Mathilde, † 2. März, wird in erster Ehe 1166 Wittwe und heirathet in zweiter Ehe Heinrich v. Trischen od. Truhsen; Mathildens Schwägerin, Gattin Conrad I. † vor ihrem Gemahl!

Eckhard I. v. Scheyern † wohl gegen 1091 und von seinen Söhnen Ulrich I. 21. Oct. um 1136, Eckhard III. um 1168, Otto V. kann kaum später als 1080 bis 82 geboren sein, erscheint als Graf v. Wittelsbach zuerst 1. Nov. 1115 (vergl. Wittmann „Pfalzgrafen v. Baiern"), als Pfalzgraf zuerst 23. Juni 1120. Von seinen Söhnen wird Conrad als Erzbischof zu Mainz 20. Juni 1161 inthronisirt, war es aber nur bis Mai 1165, wird Cardinalbischof 18. Dec. 1165 und † als Erzbischof v. Mainz 25. Oct. 1200. Friedrich heirathet vielleicht vor 1156 die Tochter Manegold IV., wird 8. April 1173 Mönch zu Indersdorf und stirbt 1198; der Sohn von ihm Friedrich erscheint in d. Urk. für Gerolden ca. 1176 und vielleicht noch 17. Sept. 1184; Otto VII. erste Frau ist wohl die 1165 in d. Kirche zu St. Nicolai in Indersdorf begrabene Gräfin Benedicta. Otto VII. Kinder sind Udalschalk II., vorkommend 1120—78; Otto VIII.; Heilwig oder Hedwig, welche noch 1214 am Leben war; Agnes, deren erster Gatte 1172—1196 vorkommt, während der zweite Gatte Albert II. v. Eberstein am Harz zw. Sept. 1218 u. 1219 stirbt; und eine Euphemia, denn die längere Grabinschrift d. 12. Jahrhunderts (vgl. Arch. f. ältere deut. Gesch. N. F. 9, 161) verzeichnen Otto palatinus, uxor ejus Benedicta et filia ejus Euphemia!

Otto VI. (I.) ist nach 13. Juli 1180 zum Herzog ernannt worden. Seine Kinder wären richtiger wohl zu ordnen: Otto; Sophie (dorum [illegible], wohl erst 1219 stirbt); Agnes, geb. um 1170, erscheint als Gattin Heinrich I. v. Plaien zu Mittersill 7. Sept. 1190 und wird gegen 1197 Wittwe; Richardis geb. um 1173 † als Aebt. zu Roermonde 11. Dec. 1231, erscheint als Gattin Otto I. v. Geldern urk. erst 1186, welcher zw. 9. März 1206 u. 9. Feb. 1207 vielleicht d. Reichersberger Todtenbuch 11. Sept. starb; Ludwig d. Kelheimer, welcher Ende Oct. 1204 heirathete u. wohl nicht lange vor d. Oct. 1214 Pfalzgraf am Rhein wurde; Heilica, welche um 1190 heirathete; Elisabeth, welche wohl 1176 heirathete und als Markgräfin v. Vohburg ihren Gatten (welcher 1204 starb, vergl. Sitzungsber. d. kgl. bair. Acad. v. 1870 B. I, p. 570) überlebte; Mathilde geb. um 1180. — Cunigunde Gräfin v. Wasserburg ist gänzlich zu streichen, sie verfügte über Güter aus dem Nachlass ihres Bruders Gebhard (v. Hirschberg) vergl. Wegelin „Grafen v. Rasba p. 88 u. 115."

Otto II. heirathete 1222 u. n. Urk. vor 1225; Ludwig d. Strenge heirathete in zweiter Ehe 24. Aug. 1260, wurde wohl 29. Mai 1271 Wittwer u. starb schon 2. Feb. 1294; der Elisabeth erster Gatte ist 25. April 1228 geboren, während der zweite Meinhard IV. v. Görz etc. wurde; Sophie heirathete Gebhard VI. v. Sulzbach etc. — Ludwig II. des Strengen älteste Tochter war Marie geb. 1261 † als Meisterin zu Marienburg bei Boppart; Mathilde ist Ende 1275 geboren und heirathete vor 24. April 1288; Anna (nicht Mathilde) Nonne zu Ulm war geb. um 1280; der 1. April 1282 geborene Sohn (Ludwig? vgl. Oberbayr. Archiv 26, 500) † jung; der spätere Kaiser ist im Herbst 1286 geboren und wurde in erster Ehe 24. Aug. 1337 Wittwer.

Als Anmerk.: Ph. M. Mayer „Gesch. d. Burggr. v. Regensburg p. 45" will in Adelheid oder Sophie, Gattin Otto II. zu Sierentlng eine Schwester Otto I. v. Baiern finden, sagt, Otto II. sei bei den Schwagers Leichenbegängniss gewesen und um 1165 gestorben.

TAFEL XXI.

Ludwig IV. v. Baiern etc. Töchter sind: Mathilde; Agnes, Ende Sept. 1314 geboren und 1352 †; Anna, nachgeboren im April 1316 geboren und 1319 3 Jahr alt gestorben; Margarethe geb. 1325 verm. Jan. 1351 an Stephan v. Ungarn, Wittwe 9. Aug. 1354; Anna geb. um 1326 erscheint urk. als Nonne zu Fontenelle 28. Juli 1351; Elisabeth verm. an Con Grande II. de la Scala 22. Nov. 1350, welcher geb. 5. Juni 1332; Beatrix geb. 1344 verm.

wohl vor 27. Dec. 1363 an Erich XII., welcher geb. März 1337, † 21. Juni 1359 und die Wittwe † am Weihnachtsabend 1359. — Ein Sohn Kaiser Ludwigs, Ludwig ist geb. Anfang Oct. 1347, war bei Vaters Tod angetreten(?), † 1348.

Ludwig V. der Brandenburger ist etwa Anf. Juli 1316 geboren, wird Markgraf v. Brandenburg im März 1323, nur belehnt 24. Juni 1324, heirathet zwar im Dec. 1324, doch kann die Ehe erst nach 24. Aug. 1333 wirklich vollzogen sein und † die erste Gattin wohl nach 19. März 1340 und ist Margarethe v. Tirol Johann (Heinrichs etc.) geschiedene Frau 1318 geboren. Kinder aus diesen Ehen sind Albrecht, Tochtersohn Christoph II. v. Dänemark; Elisabeth, welche noch 1345 lebte, recht gut die 1349 zu Mantua de la Scala verlobte Prinzessin sein könnte; Hermann geb. März 1343 und angeblich noch um 1360 am Leben.

Stephan II. ist wahrsch. 1317 geboren und heirathete in erster Ehe 27. Juni 1328; seine Tochter Agnes wird ganz irrig als Gattin Jacob I. v. Cypern genannt, dessen Gattin in Wirklichkeit Heloise v. Braunschw.-Grubenhagen war und als Wittwe starb; Stephan III. zweite Frau wurde 16. Jan. 1401 zu Cöln angetraut; Friedrichs erste Gattin ist im Sommer 1337 geboren, 11. Dec. 1349 verlobt und 15. Oct. 1390 gestorben und die zweite Frau 8. Sept. 1381 vermählt; Johann II. Gattin † 31. Mai 1391.

Ludwig VI. d. Römer ist Sonnabend 12. Mai 1330 geboren (vergl. Sitzungsbericht d. Münch. Akad. v. 1873), heirathete in erster Ehe Cunigunde, Tochter Casimir III. v. Polen vor 19. Mai 1345, welche geb. um 1334 und † (ob im März?) 1357, in zweiter Ehe Ingeburg, Mitte Feb. 1360, welche geb. um 1340 ihm 25. Juli 1357 verlobt wurde und starb Ludwig VI. 1365.

Wilhelm I. (in Holland V.) wurde Graf v. Holland d. Resignation der Mutter v. 20. Jan. 1349 und † erst kurz vor 15. März 1389, heirathete Mathilde vor 25. Juni 1352, welche zw. 12. Mai u. 25. Dec. 1362 starb. Eine Tochter aus dieser Ehe, geb. 1356, wird wohl bald gestorben sein. — Otto V., Wilhelm I. (V.) Bruder ist wohl zw. 7. Sept. 1346 u. 2. März 1347 (etwa Ende 1346) geboren.

Albert I. war noch Regent in Holland etc. d. Urk. 15. Aug. 1388 und † 13. Dec. 1404, heirathete in erster Ehe mindestens gegen 1353, wurde zw. 18. u. 22. Feb. 1386 Wittwer und war die zweite Gattin um 1375 geboren und † 1410. Töchter sind ihm geboren (vergl. Devillers des comtes de Hainaut III. 685) wohl zweite Hälfte 1363 (vielleicht auch 1361 wo die Rechnung fehlt?), 1372 o. 1373, und erscheinen urk. 16. Juni 1377 Catharine als älteste, dann Johanna und Margarethe als jüngste Töchter. Wilhelm II. (VI.) heirathet 12. April 1385 und seine Wittwe † 8. März 31. ?m. 1441, die Tochter dieser Ehe Jacobäa heirathete in dritter Ehe vor 23. Oct. 1433 und † ihr vierter Gatte 19. Nov. 1470.

Catharine, Albert I. Tochter, wurde an Eduard d. Contr. v. 1. Nov. 1369 verlobt, an Wilhelm v. Jülich u. Geldern 16. Sept. 1379 vermählt, welcher geb. 4. März 1364; von ihren Geschwistern ist Margarethe verheirathet seit 12. April 1385; Albert ist 1369 geboren und † die Agnetis 21. Jan. 1397; Johann III. ist 1374 geboren und resignirte als Bischof 22. März 1418, und ist seine Gattin Anfang Nov. 1380 geboren; Johanna ist 1391 geboren, heirathete wohl vor 13. Juni 1394.

Ludwig VII. ist geb. 20. Dec. 1365 u. heirathete in erster Ehe 1. Ehebered. v. 1. Oct. 1402; Isabella, des Schwester, heirathete 13. Juli 1385. — Ludwig VIII. war geb. 1. Sept. 1403, heirathete zu Ingolstadt 20. Juli 1441 und starb die Gattin als Gemahlin Martins v. Waldenfels 24. Juli 1465. Ludwigs Brüder sind Johann geb. u. † 1404 und Johann geb. 8. Feb. 1414 und bald verstorben.

TAFEL XXII.

Elisabeth v. Landshut heirathet 18. Sept. 1401; Margarethe, ihre Schwester ist 1384 geboren; Magdalenens Gem. Johann Meinhard ist 1376 geboren und † vor 27. Mai 1433. — Heinrich d. Reiche † 30. Juli 1450 und ist die Gattin vor 26. Juni 1396 geboren; von den Kindern ist Albert 1414, Friedrich 1415 geboren, beide aber 1416 gestorben; Johanna heirathet lt. Heirathsabr. v. 25. Nov. 1419 und zwar Mitte Jan. 1430; Margarethe ist 1421 geboren. — Ludwig d. Reiche heirathet 21. Febr. 1452 und von den Töchtern ist Elisabeth um 1453, Margarethe 7. Nov. 1456 geboren und letztere heirathet 17. April 1474; Ludwigs Enkelin Margarethe war Nonne zu Altenhohenau seit 8. Sept. 1494, dann zu Neuburg lt. Disp. v. 24. Feb. 1509 Aebt. seit 3. Mai 1509 resign. Ende Aug. 1521.

Ernst zu München † 2. Juli 1438, Wilhelm III. ist 1375 geboren und † 12. Sept. 1435, vollzieht seine Ehe 11. Mai 1433 und sind Adolph 1. Jan. 1434 geboren, zw. 26. Mai u. 24. Oct. 1440 u. Wilhelm geb. 25. Sept. nach 24. Oct. 1435 gestorben; Sophia, Ernst u. Wilhelm III. Schwester heirathete 1389 und † 4. Nov. 1425.

Albert II. lebte als Ehegatte der Agnes mit ihr spätestens seit Frühjahr 1428; heirathete Anna 22. Jan. 1437, welche als Gattin Friedrich II. d. Unruhigen starb; Beatrix verlobte sich 16. Juni 1423, heirathete in erster Ehe 31. Mai 1424, in zweiter Ehe Johann, Pfalzgrafen zu Neumarkt, 8. Sept. 1428; Elisabeth † 5. März 1468 und heirathete in zweiter Ehe 4. Oct. 1430 zu Worms.

Johann IV. ist geb. 4. Oct. 1437; Sigmund † 1. Feb. 1501; Albert ist geb. 25. Dec. 1440 † 1445; Margarethe geb. 1442 heirathet 30. Mai 1463; Albert III. 2 Jan. 1447; Elisabeth ist 1443, Wolfgang 1451 und Barbara 9. Juni 1454 geboren.

Sidonie geb. 1488 † 27. März 1505; Sabina ist 23. April 1492, Susanna 15. Juli 1499 geboren und starb letztere 1500; Susanna geb. 1502 heirathet 25. Aug. 1518.

Wilhelm V. Gattin † 23. Mai 1602; seine Schwägerin geb. 31. Jan. 1574, Gräfin v. Wartenberg d. Diplom v. 25. April 1588, † 5 Dec. 1614, ihr Sohn Franz Wilhelm wird Coadjutor 12. Sept. 1629 und Bischof zu Minden 12. Jan. 1634, Bischof zu Osnabrück im Sept. 1633, daselbst resid. 1650 und hält seinen Einzug 18. Dec. 1650 † 1. Dec. 1661. Maria, Wilhelm V. Schwester ist geb. 21. März 1551 u. Ernst, ihr Bruder, war Administrator zu Stablo u. Malmedy seit 11. Feb. 1581.

TAFEL XXIII.

Ferdinand wird Bischof zu Hildesheim 20. Nov. 1612 und Magdalena heirathet $^{1}/_{11}$. Nov. 1613 (dadurch wird die Anm. Stocköhnig(?) [illegible]) — Ferdinand Maria heirathet 25. Juni 1652. — Ferdinand Wilhelm † neben 23. Oct. 1629; Max Heinrich wird als Bischof zu Münster postulirt 11. Sept. 1683; Albert Sigmund war Bischof zu Freising seit 23. Feb. 1652. — Max II. Emanuel zweite Gattin ist 4. März 1676 geboren und zu Wesel 2. Jan. 1695 vermählt. Max Emanuels Kinder sind Leopold (Ferdinand); Maria Anna Nonne zu St. Clara in München; Carl (Albert); Philipp (Moritz); Ferdinand (Maria), dessen Gattin Marie Anna (Caroline) und Söhne Max (Joseph) u. Clemens (Franz) verm. an Maria Anna (Charlotte); — Clemens (August) u. (Johann) Theodor.

Otto III. v. Niederbaiern heirathete die erste Gattin im Frühjahr 1280, welche 1282 starb, die zweite Gattin starb 25. Dec. 1311 als Wittwe des Grafen Albert v. Hals; Sophie Gräfin v. Henneberg ist um 1264 geboren; Catharine † vor 27. Aug. 1303. — Heinrich XVI. (III.) ist vor 21. Sept. 1326 vermählt; Stephan I. Gattin ist geb. um 1280, und von seinen Kindern † Agnes 1316, † Beatrix 24. April 1360 und heirathet zwischen Ende 1321; Heinrich XV. (II.) geb. 29. Sept. 1305, vollzieht die Ehe 12. Feb. 1328 (seine Söhne sind: Johann I. geb. 29. Nov. 1329 und Heinrich geb. Ende 1330 † 25. April 1340); Elisabeth geb. 1306 heirathet 15. Mai 1325. — Otto IV. zu Burghausen ist geb. 3. Jan. 1307, heirathet Richardis im Mai 1325, welche geb. 7. März 1314, ein Sohn dieser Ehe Albrecht geb. um 1332 † jung.

TAFEL XXIV.

Rudolph II. residirte zu Neustadt und starb die Gattin schon vor 7. Juli 1331; Rupert I. residirte zu Heidelberg; Mathilde heirathete 20. Sept. 1331. Anna, Gattin Carl IV. † 2. Feb. 1353. — Rupert II. † 6. Jan. 1398 und seine erste Gattin war 1325 geboren; von den Kindern ist Anna geboren 1346 und verm. vor 1. Juli 1363; ein Sohn Friedrich 1347, ein Sohn Johann 1349 geboren, beide aber jung verstorben; Elisabeth kann nur an Procop verlobt sein, denn (vergl. Geschichtsquellen d. Grafsch. Glatz II, p. 7) heisst es in d. Urk. v. Feb. 1405 „wenn Procop noch heirathen und natürliche Erben gewinnen sollte etc."

Rupert Pipan † 25. Jan. 1397, die Gattin ist geb. 1365 u. verm. 27. Aug. 1392; Friedrich † vor 7. März 1401; Ludwig III. ist 23. Jan. 1378 geboren und in erster Ehe zu Cöln 6. Juli 1402 vermählt; Margarethe ist 1376 geboren; Johann zu Neumarkt war Regent der Churpfalz seit 20. Mai 1404, heirathete in erster 15. Aug. 1407, in zweiter Ehe 8. Sept. 1428. Von Johanns Kindern ist Margarethe geb. 24. Aug. 1408 u. bald gestorben, Adolph geb. u. † 1409; Otto geb. 1410, Johann geb. 1411 u. Friedrich geb. 1413 bald gestorben, Johann geb. Sept. 1413 u. † 3 Tage alt; Christoph III. v. Dänemark heirathete 12. Sept. 1445.

Agnes, Tochter Rupert III. ist 1379 geboren u. (lt. Gem. am Tage „Thecle virginis" 23. Sept. 1401 gestorben); die Schwester Elisabeth ist 1381 geboren u. Montag 31. Dec. 1408 gestorben und war ihr Gatte bald nach 8. Oct. 1382 geboren. Stephan zu Simmern ist angebl. 23. Juni 1385 geboren und heirathete (Otto I. (residirt zu Neumarkt etc. ist zu streichen!) lt. Heirathsabr. v. 24. Nov. 1409 und zwar Mitte Jan. 1410. Von Otto I. Kindern ist Margarethe geb. 2. März 1410 † 14. Sept. 1457; Amalie geb. 12. Feb. 1433 † 15. Mai 1488 und verm. wohl 1448, denn 18. Juni 1454 sollte sie bereits im 6. Jahre ihrer Ehe sein, und † ihr Gatte Freitag 5. Dec. 1480; Otto II. ist 27. Juni 1435, Rupert 25. Nov. 1437, Dorothea 24. Aug. 1439, Albert 6. Sept. 1440, Anna 1441, Johann 1. Aug. 1443 geboren und 1473 auch zu Regensburg und später noch zu Strassburg Dompropst.

Ludwig IV. verm. sich 18. Oct. 1445; sein Schwager Ludwig I. v. Würtemberg zu Urach † 24. Sept. 1450; die Schwester Margarethe, Nonne zu Liebenau ist noch 4. Aug. 1451 geboren. Friedrich I. wird selbstständiger Churfürst 12. Jan. 1452 und heirathet Clara Tott (so ist nach „Kalcher. d. Ver. f. Schwaben u. Neuburg VI, 153" die richtigste Schreibweise) 16. Aug. 1458. — Philipp d. Aufrichtige heirathet 17. April 1474 und von seinen Kindern wird Philipp Bischof zu Freising 16. Dec. 1498 und inthronisirt 17. Mai 1499 † 5. Jan. 1541; Georg geb. 10. Feb. 1486; Barbara geb. 28. Aug. 1491 † 15. Aug. 1505; war Rupert Bischof zu Freising bis 5. Dec. 1495; heirathet Friedrich II. 26. Sept. 1535; von Philipps Enkeln sind Georg (nicht 1504!) und Rupert geb. Anf. Nov. 1500 im Frühsommer 1504 gestorben und sind todte? Zwillinge geb. 1504. — Otto Heinrich (I.) erhält Hilpoltstein etc. 28. Aug. 1505.

TAFEL XXV.

Anna geb. 1413 † 1456; Friedrich I. der Hundsrücker † 29. Nov. 1480, seine Gattin war geb. um 1438, ihm 16. Aug. 1454 vermählt; Ludwig I. der Schwarze, Besitzer von Zweibrücken etc. seit 23. Sept. 1444, ist 1424 geboren, seine Gattin um 1433 und † 19. Juni 1502; Stephan ist 1421 geboren und 4. Sept. 1485 gestorben; Johann wird vom Papst zum Bischof von Münster 22. März 1453 ernannt, übernimmt aber die Regierung im Juni c. a. — Stephan geb. 1457 † als Domdechant zu Cöln u. Dompropst zu Aachen (4. Sept.) 1489; Friedrich geb. 1460 starb als Domdechant zu Cöln, Dompropst zu Strassburg 23. Nov. 1518; Wilhelm Canonicus zu Trier starb bereits 1481. — Johann II. zweite Frau, Marie Jacobäa † als Gem. Johann III. v. Schwarzenberg zu Hohenlandsberg 1515; Friedrich † als Dompropst zu Strassburg. — Catharine geb. 1510 † 1571; Georgs v. Simmern zweiter, jedoch morgan. Ehe mit Elisabeth v. Rosenfeld genannt v. Hayer, einer Tochter Johanns zu Ludwigsau bei Hettins entstammt das ritterbürtige Geschlecht der Herren v. Ravensperg; Richard war auch 1560—63 Dompropst zu Mainz gewesen und ist die erste Frau Tochter Johann IV. 1547 geboren, die zweite 4. Juni 1569 gestorben. Emilie 1504 geboren ist gänzlich zu streichen, da sie ja eine Gräfin v. Rinck war.

Friedrich III. heirathet (vergl. Kluckhohn „Friedr. d. Fromme") 21. Oct. 1537, und seine Wittwe, in erster Ehe vermählt an Heinrich I. v. Brederode, Burggr. v. Utrecht † wohl 2. (leider hat da ein Fehler in der Grabschrift stattgefunden) April 1568 (vergl. Zeitschr. für Gesch. d. Oberrheins 42, 234); die älteste Tochter heisst Alberta; Anna Elisabeth heirathete in erster Ehe 17. Jan. 1569, in zweiter 29. Jan. 1599; Hermann (Ludwig) ist 1541 geboren; Johann Casimir bezog Lautern u. Neustadt a. d. Haardt und war die Tochter Elisabeth (vergl. Kluckhohn „Elisab. etc.") 26. Oct. 1580 gestorben. — Catharine, Ludwig VI. Tochter ist April 1572 geboren.

TAFEL XXVI.

Catharine Sophie geb. 1585 † 1626; Elisabeth Charlotte ist 7. Nov. 1597 geboren u. † 16. April 27. st. 1660, und ihr Gatte † 1640; Anna Eleonore (vergl. Zeitschr. etc. f. Oberrhein 38, 229 ff.) ist 26. Dec. 1599 geboren; Ludwig Philipp v. Simmern ist 23. Nov. 1602 geboren; die Tochter heisst Elisabeth Marie Charlotte, und Ludwig Heinrichs Gattin war eine Tochter (Friedrich) Heinrichs v. Nassau-Oranien. — Friedrich V. wurde $^{18}/_{28}$ Jan. 1631 gekrönt; Louise Hollandine ist 20. Aug. 1664 Aebtissin und 4. Nov. c. a. installirt worden; Ludwig ist in Wirklichheit 1626 geboren u. gestorben, wie die Briefe Pfalzgraf Johann Casimirs v. Cleeburg (vergl. Neues patriot. Archiv I, 40—41) zeigen. — Carl Ludwig ist 22. Dec. st. vet. 1617 geboren, trennte sich 14. April 1657 von seiner ersten Gattin und erhielt 1662 einen Entfernungsbefehl, und ist die zweite Frau 28. Nov. 1634 geboren; Eduards Gattin Anne ist 1616 geboren, und von den Töchtern (Louise) Marie verm. an Fürst Carl Theodor Otto v. Salm aus dem Stamme der Wild- u. Rheingrafen, Wittwer Anna Mariens v. Heyn und Geleen; Anne heirathete Heinrich (Julius) v. Condé. — Carl Ludwig's Tochter (Elisabeth) Charlotte heirathete den Herzog v. Orleans; Carolinens, Gräfin Schomberg Tochter Marie † 23. April 1707, heirathete 13. Feb. 1717 Christoph Martin v. Degenfeld, geb. 24. April 1689 † 16. Aug. 1762 und stammen aus dieser Ehe die Grafen Degenfeld-Schomberg; Louise ist 25. Jan. st. nov. 1661 geb.; die 1663 geborene und 1709 gestorbene Raugräfin ist bekannt unter dem Namen Amalie; Friederike 7. Juli st. nov. 1665 geboren und 7. Aug. st. nov. 1674 gestorben; Carl Eduard 2. Jan. 1690; Carl Moritz 13. Juni st. nov. 1702, Carl August [illegible] Sept. 1691 gestorben.

Ludwig I. des Schwarzen zu Zweibrück etc. Töchter Johanna ist schon 1429 und Catharina 1465, Elisabeths Gatte Johann Ludwig I. v. Nassau-Saarbrück 20. Oct. 1472 geboren. — David ist 1463 geboren; Alexander heirathet 21. Jan. 1499 die Tochter Craft VI. v. Hohenlohe-Neuenstein, welche geb. 30. Juli 1480 und 3. Sept. 1529 starb; Philipp ist 21. April 1461 und Samson 27. Juni 1474 geboren; Johann war Domherr zu Cöln und Strassburg und † 1512.

TAFEL XXVII.

Johanna ist 4. Dec. 1470, Ludwig II. 11. Sept. 1502, Rupert zu Veldenz, Lauterecken etc. seit 3. Oct. 1543 ist 1506 geboren, † 28. Juli 1544, dessen Gattin geb. um 1515, † als Wittwe Johann's v. Dhaun zu Falkenstein 24. Juli 1601. Georg geb. 1505, † als Canonicus zu Trier, Cöln und Strassburg, und Catharina ist zuletzt 15.., 5. Nov. geboren und wurde vor 4. Nov. 1529 Nonne zu Marienberg bei Boppart und ist ihr Todestag lt. Marienberger Todtenbuch 26. März, nach Tolner „Auctar. palat." und Haeutle „Genealogie d. Stammhauses Wittelsbach" hätte Catharina das Kloster verlassen und Otto v. Rietberg geheirathet, allein Seiberts „Landes- u. Rechtsgesch. Westfalens I, 1 mit Stammtafel" u. „Zeitschr. f. Gesch. Westfalens XIV, 113" versichern, Graf Otto sei unvermählt gestorben.

Von Wolfgang's Töchtern ist Dorothea (Agnes) geb. 1551 † 1552; Marie (Elisabeth) geb. 1561, verm. 7. Nov. 1585 an Emich II. (XI.) v. Leiningen-Dachsburg zu Hardenburg, welcher 24. Nov. 1607 starb; Susanne geb. 1561 † 1565. — Von Otto Heinrich (II.) Kindern wird Sabine geb. 1589 † 1661 kurz vor [illegible] Nov. 1622 Wittwe und Susanne geb. 1591 heirathet 8. Juni 1613 und † 21. Febr. 1661. — Friedrich geb. 1557, erhielt durch Vaters Testament Parkstein, Vohenstrauss etc. und heirathete [illegible] Febr. 1587.

Ludwig Philipp's v. Neuburg Wittwe † [illegible] Oct. 1632, ihr Sohn Wolfgang (Wilhelm) heirathete in erster Ehe [illegible] Nov. 1613 in zweiter [illegible] Nov. 1631 und verlor die Gattin [illegible] März 1651, auch starb seine Wittwe 1706; sein Bruder Johann Friedrich besass Hilpoltstein und wurde dessen 1638 geborene Tochter todt geboren.

(Philipp) Wilhelm ist 27. Nov. 1615 geboren (vergl. Zeitschr. f. Baiern Bd. I. v. 1816 p. 1) und seine erste Gattin hiess (Anna Catharina) Constanza und die zweite (Elisabeth Amalie) Magdalena; von den Geschwistern (vergl. Zeitschr. d. Bergischen Geschichtsver. Bd. IX. p. 101) Ferdinand Philipp geb. 2. Mai, † 20. Sept. 1633 und Eleonore Franziska † 22. Nov. 1634. — Von (Philipp) Wilhelms Töchtern ist Dorothea (Sophiens) erster Gatte geb. 12. Aug. 1666, verm. p. p. 3. April und pers. 17. Sept. 1690, und der zweite Gatte verm. 1. Sept. 1696; (Hedwig) Elisabeth hat sich [illegible] März 1691 verheirathet.

TAFEL XXVIII.

(Philipp) Wilhelm hatte einen Sohn erster Ehe, welcher 18. Juli 1643 todt geboren wurde; Johann Wilhelm verlor die erste Frau Marie Anne 1689, heirathete die zweite p. p. [illegible] April und pers. 5. Juni 1691, und seine zwei Söhne sind ein Prinz, geb. und † 26. Jan. 1693, und ein Prinz geboren 5. Febr. st. nov. 1696 todt (vergl. Zeitschr. d. Berg. Ver. VIII, 79).

Wolfgang (Georg) war Bischof zu Breslau; Ludwig Anton wurde 15. Jan. 1685 inthronis. als Hochmeister; Carl (Philipp) verlor seine dritte Frau 2. Nov. 1734; Alexander (Sigmund) wurde Bischof zu Augsburg; Franz Ludwig ist 24. Juli 1664 geboren und wurde 16. Juli 1694 zum Hochmeister gewählt; Philipp Wilhelms Gattin war die Tochter von Julius Franz und seine Tochter war Maria Anna (Caroline) Gattin von Ferdinand (Marie).

Auguste (Sophie) v. Sulzbach heirathete Wenzel (Eusebius) v. Lobkowitz Sagan, Wittwer Johannens Gräfin Myslow v. Kinsky, der Wittwe von Felix Pietipesky v. Chiesch und Egerberg lt. Ehepacten vom 3. Febr. und wurde 6. Febr. 1653 vermählt. — Christian (Augusts) Bruder war (Johann) Ludwig; seine Tochter Amalie Marie Therese starb als Carmeliterin und der Sohn Johann August (Ilerl) 1658. — Von Theodor's Töchtern † Franziska Elisabeth als Priorin des Carmeliter-Klosters zu Neuburg am Charfreitag 14. April 1715 und Elisabeth Eleonore erst 1704. — Von Joseph Carl's Kindern ist Innocenz Maria geb. u. † 1719, die Tochter, geb. im Mai 1719, gänzlich zu streichen; die todte Prinzessin war 30. Jan. 1726 geboren; Maria Anne (Charlotte) geb. 1722, heirathete Clemens (Franz) v. Baiern.

TAFEL XXIX.

Marie Elisabeth heirathete Georg Gustav v. Pfalz-Veldenz zu Lauterecken; Johann II. vollzog seine Vermählung zu Blois in der Bretagne 25. Aug. 1604; der 1603 geborene Prinz ist 16. Sept. st. vet. todt geboren; Friedrich Casimir v. Landsberg Sohn Friedrich Ludwig heirathete Elisabeth Hepp 21. Aug. 1672, welche März 1707 starb.

Magdalene Catharine geb. 1607 † [illegible] Jan. 1648; Elisabeth (Louise) war Aebtissin zu Herford; Catharine Charlotte † [illegible] März 1651 und heirathete [illegible] Nov. 1631 den Pfalzgrafen Wolfgang (Wilhelm); Friedrich's († 1661) Gattin war 5. April st. vet. 1617 geboren; Anna Sibille † 22. Oct. st. vet. 1641. — Sophie Amalie, geb. 1646, heirathete in erster Ehe 27. Juli 1674; Charlotte Friederike heirathete 14. Nov. 1672. — Die 18. Dec. 1648 geborene Prinzessin † erst 27. Dec. 1648; die 1652 geborene Prinzessin wurde todt geboren. (Louise) Charlotte heirathet Johann Philipp v. Isenburg 24. Juli 1678, welcher als Gatte Wilhelmine Charlottens v. Sayn-Wittgenstein zu Berleburg starb; Elisabeth Christine † 8. Aug. 1707 und war ihr erster Gatte Emich XIII. v. Leiningen-Dachsburg zu Hardenburg; Wilhelm Ludwig heirathete 16. Nov. 1678; der 30. Dec. 1648 geborene Prinz † 3 Tage alt; Gustav Johann ist 1. Jan. 1651 geboren.

Johann Casimir zu Cleeburg ist 10. April st. vet. 1589, seine Gattin 19. Nov. 1594 geboren. — Elisabeth Amalie v. Cleeburg † 22. Juni st. vet. 1628; Marie Euphrosyne ist [illegible] Febr. 1625 und Eleonore (Catharina) 11. Mai st. vet. 1626 geboren.

Carl XI. v. Schweden Gattin Ulrike Eleonore † $\frac{26. \text{ Juli}}{5. \text{ Aug.}}$ 1693 und von ihren Töchtern † Hedwig (Sophie) [illegible] Dec. 1708; wurde Ulrike (Eleonore) zur Königin gewählt 23. Jan. 1719.

Adolph (Johann) ist geb. 11. Oct. st. vet. 1629 und von seinen Kindern wurde Marie Elisabeth 1742 Wittwe, starb Carl Johann 10. Dec. 1686; Gustav (Samuels) erste Gattin, Tochter Leopold (Ludwigs) v. Pfalz-Veldenz, wurde 23. April 1723 geschieden und † 11. Aug. 1723, und die zweite Frau Louise (Dorothea) wurde erst im Mai 1723 vermählt (die angebl. insgeheim erfolgte Vermählung ist zu streichen!), † April 1745.

TAFEL XXX.

Georg Wilhelms zweite Frau war eine Tochter Johanns v. Dhaun und wurde nach 1641 geschieden; die dritte war Wittwe Johann Philipp II. v. Leiningen-Dachsburg zu Hardenburg; der Sohn Carl Otto geb. 1625 heirathete 27. Sept. 1658.

Christian I. erste Gattin † [illegible] Jan. 1648 und war die zweite eine Tochter Rudolph VI. v. Rolfenstein; Christian II. Gattin würde richtiger Catharine (Agathe) zu schreiben sein; Clara Sibille geb. 1643 † 1644; Johann Carls zu Gelnhausen zweite Frau hiess Esther Maria, war eine Tochter Georg Friedrichs v. Witzleben zu Elgersburg und Wittwe Johann Friedrichs v. Brumse (vergl. v. Witzleben, Gesch. d. Geschl. W. und heirathete 28. Juli 1686.

Die 1688 geborene Prinzessin hiess lt. Grabschr. Magdalene Claudine und † 28. Nov. st. vet. 1704; Ludwig ist 28. Nov. 1693 geboren; die 1697 geborene Prinzessin heisst Charlotte Wilhelmine, welche 28. Mai 1729 starb; der Schwager war Anton (Ulrich) v. Waldeck. — Christian IV. Gattin war eine Schwester des Hofrath Johann Baptist Fontenieux, Gräfin Forbach, geb. um 1735, verm. 3. Sept. 1757 und floh vor den einbrechenden Franzosen 1. Jan. 1794 von Forbach nach Zweibrück.

Max I. (Joseph) erste Gattin hiess Wilhelmine und von seinen Kindern ist Charlotte (Auguste), welche in erster Ehe 31. Aug. 1814 geschieden wurde, gestorben 9. Febr. 1873; Carl verm. in erster Ehe an Sophie Petin, Tochter eines bairischen Hauptmanns, seit 1. Oct. 1823, welche [illegible] Febr. 1838 starb, in zweiter Ehe an Frau v. Frankenburg seit 7. Mai 1859, † 16. Aug. 1875; der Prinz ist 1799 todt geboren; Elisabeth † 14. Dec. 1873; Amalie Wittwe seit 29. Oct. 1854, † 8. Nov. 1877; Sophie † 28. Mai 1872 und ihr Gem. 5. März 1878; Marie † 13. Sept. 1877; Ludovika (richtiger!!) ist seit 15. Nov. 1888 Wittwe des Herzogs Max in Baiern.

Ludwig III. v. Hessen-Darmstadt † 13. Juni 1877, Franz V. v. Modena 20. Nov. 1875, Alexandra 8. Mai 1875; Ludwig II. 13. Juni 1886 und ist sein Bruder Otto I. König, doch unter Regentschaft, ihre Mutter, Wittwe Max II., † 17. Mai 1889; Otto's v. Griechenland Wittwe † schon 20. Mai 1875; Luitpold Wittwer seit 1864, ist Regent seit 10. Juni 1886. — Adalbert starb 21. Sept. 1875 und von seinen Kindern ist Ludwig (Ferdinand) verm. an Marie de la Paz, Schwester Alfons XII. v. Spanien, seit 2. April 1883, welche geb. 23. Juni 1862, er ist Vater von Ferdinand geb. 10. Mai 1884 und Adalbert geb. 3. Juni 1886; Isabella geb. 1863, ist Gattin des Herzogs Thomas v. Genua, Prinzen v. Italien, seit 14. April 1883, welcher geb. 6. Febr. 1854; Clara ist geb. 11. Oct. 1874.

Ludwigs, geb. 1845, Kinder sind Rupprecht geb. 1869; Adelgunde geb. 17. Oct. 1870; Marie geb. 6. Juli 1872; Carl geb. 1. April 1874; Franz geb. 10. Oct. 1875; Mathilde geb. 17. Aug. 1877; Wolfgang geb. 2. Juli 1879; Hildegard geb. 5. März 1881; Notburga geb. 19. † 24. März 1883; Wiltrud geb. 10. Nov. 1884; Helmtrud geb. 22. März 1886; Dietlinde geb. 2. Jan. 1888 † 15. Febr. 1889.

Leopold, geb. 1846, hat Gisela, Tochter Franz Joseph I. v. Oesterreich, 20. April 1873 geheirathet, welche geb. 12. Juli 1856, und ist Vater von Elisabeth geb. 8. Jan. 1874; Auguste geb. 28. April 1875; Georg geb. 2. April 1880; Conrad geb. 22. Nov. 1883. — Arnulph, geb. 1852, hat Therese, Tochter Aloys (Joseph) II. v. Liechtenstein, 12. April 1882 geheirathet, welche geb. 28. Juli 1850, und ist Vater von Heinrich Luitpold geb. 24. Juni 1884.

TAFEL XXXI.

Magdalene Juliane war an Joachim (Friedrich) v. Holstein-Sonderburg-Plön vermählt; ihre Schwägerin Sophie, Tochter d. Rhein- u. Wildgrafen zu Dhaun. — Maximilian geb. 1808 † 15. Nov. 1888 und seine Gattin war Ludovike v. Baiern; von seinen Kindern ist Ludwig Gatte der Henriette Mendel seit 28. Mai 1857, welche geb. 31. Juli 1833, aber erst seit 19. Mai 1859 Freifrau v. Wallersee ist; Carl Theodor ist in zweiter Ehe verm. 29. April 1874 an Marie Josephe, Tochter Miguel's v. Portugal, welche geb. 19. März 1857 (er ist Vater von Sophie (Adelheid) geb. 22. Febr. 1875, Elisabeth geb. 25. Juli 1876, Marie geb. 9. Oct. 1878, Ludwig (Wilhelm) geb. 17. Jan. 1884, Franz Joseph geb. 23. März 1888); Mathilde ist seit 6. Juni 1886 Wittwe; Maximilian (Emanuel) ist seit 20. Sept. 1875 verm. an Amalie, Tochter Augusts v. Sachsen-Coburg-Gotha, welche geb. 23. Oct. 1848, und er ist Vater von Siegfried geb. 10. Juli 1876, Christoph geb. 22. April 1879.

Ursula's v. Pfalz-Veldenz Gatte Wirich IV. v. Dhaun und Falkenstein zu Bruch war 1539 geboren. — Georg Gustav v. Lauterecken wurde in erster Ehe 1598 Wittwer; Johann August heirathete 20. Jan. 1599 und Georg Johann II. 6. Juni 1613 und starb dessen Wittwe 21. Febr. 1651. — Magdalena Sophie ist 29. Nov. 1622 geboren und † 14. Aug. 1691; der Bruder war Leopold (Ludwig), dessen Tochter Dorothea wurde 23. April 1723 geschieden und † 11. Aug. 1723, deren Bruder Carl Georg wurde 27. Dec. 1660 geboren.

TAFEL XXXII.

Nach Hiort-Lorenzen „*Annuaire généalogique etc.*“ wären die ältesten, bekannten Voreltern der Familie Beauharnais

Franz, Gatte Margarethe Franziska's Pyvart de Chastullé.

Claudius † 15. Jan. 1736, vermählt 11. Mai 1713 an Renata, Tochter Peter's Hardouineau.

Franz geboren 8. Februar 1714, † 1800 und Gatte Marie Anna Henriettens, Tochter von Franz Pyvart zu Chastullé, geboren 1722, vermählt 13. September 1751, † 5. October 1767. — Claudine geb. 16. Jan. 1717, † 25. Dec. 1784. Gem. Fanny, Tochter des Franz etc. Mouchard, geb. 1738, verm. März 1753, † 2. Juli 1813.

Franz geb. u. † 1756. — Franz geb. 12. Aug. 1756, † 4. März 1846. Gem. 1. Franziska, Tochter von Claudius Beauharnais, geb. 1757, verm. 1778, geschieden . . . ., † 1829. 2. Christine Gertrud, Tochter von Heinrich Wilhelm Ludwig v. Cohausen, verm. 11. Nov. 1822. — Alexander geb. 1760, Ahnherr der Herzöge v. Leuchtenberg (vergl. Hauptwerk).

Adélaïde Franziska geboren 2. Mai 1772, † . . . . — Franziska Julie geb. [illegible] † [illegible] 1780. — Emilie (Louise) geb. [illegible] Jan. 1781, † [illegible] Juni 1855. Gem. Anton Chamans v. Lavalette, geb. 1769, verm. [illegible] Mai 1798, † 15. Febr. 1830. (Ueber Lavalette vergl. auch „*Mémoires et souvenirs du comte L.*“, wo auch zu finden ist, dass den [illegible] Gattin an der Befreiung d. Grafen im Dec. 1815, nicht aber die Tochter Josephine, damals 13 Jahre alt, Antheil hatte, und den Gatten überlebte.) — Amadeus Franz Emanuel geb. 31. Aug. 1782, † [illegible] 1784. — Augusta † 1831 15 Jahre alt. — Alexander. — Hortense geb. [illegible] Juli 1812, † [illegible] Jan. 1851. Gem. 1. Heinr. Alexander Sigfr. Richard v. Querelles, geb. 1811, verm. 1841, † [illegible] Juni 1845. 2. Franz Armand Rupert Lolly, geb. [illegible].

Claudine geb. [illegible] Sept. 1780, † [illegible] Jan. 1819. Gem. 1. Louise, Tochter von Claudius Franz Adrian de Lezay-Marnesia, geb. 1769, verm. 1796, † [illegible] Aug. 1799. 2. Sophie Fortin-Duplessis, geb. 1. Febr. 1775, verm. 1799, † [illegible] Mai 1850. — Franziska geb. 7. Sept. 1787, † 1817 und war des Vetters Franz erste Gattin. — Anne Amadea geb. [illegible] Jan. 1799, † 31. März 1831. Gem. Andreas Horst. Franz v. Hervel, geb. 1. Aug. 1763, verm. 21. Aug. 1781, † 15. Aug. 1800.

Albert Julius Albert geb. [illegible] Aug. 1787, † 1791. — Stephanie (vergl. Hauptwerk) ist wohl 3. März 1806 von Napoleon I. adoptirt. — Josephine Désirée geb. [illegible] Dec. 1803, † 14. Nov. 1871. Gem. Adrian Hippolyte v. Quiqueran-Beaujeu, geb. 1. Nov. 1797, † [illegible] Aug. 1868.

Eugen wurde von Napoleon I. 16. Jan. 1806 adoptirt und 14. Nov. 1817 (vergl. [illegible]) zum Fürsten v. Leuchtenberg erhoben, seine Schwester Hortense wohl im Frühjahr 1810 geschieden. Josephine geb. 1807 † 7. Juni 1876; August geb. 1810, war seit 1829 Herzog v. Santa Cruz; Amalie geb. 1812 † [illegible] Jan. 1873 und hatte sich 2. Aug. 1829 p. proc. verm.; die Wittwe von Max, Herzog v. Russland, † [illegible] Febr. 1891. Nicolaus geb. 1843 hat Nadine Annenkoff „Gräfin Beauharnais“ 11. Febr. 1879 geheirathet; Eugen Wittwer von Daria seit [illegible] März 1870, in zweiter Ehe Zenaide Skobelew „Gräfin Beauharnais“ 14. Juli 1878, welche Anfang Sept. 1899 zur Herzogin v. Leuchtenberg erhoben wird; Sergei starb [illegible] Oct. 1877 und Georg geb. 1852 heirathete in erster Ehe 11. Mai 1879 Therese, Tochter Peters v. Oldenburg, welche geboren [illegible] März 1852 und gestorben [illegible] April 1883, in zweiter Anastasia, Tochter des Nicolaus von Montenegro [illegible] Aug. 1889, welche geboren 4. Jan. 1868, und ist Vater von Alexander, geboren [illegible] Nov. 1881.

BRAUNSCHWEIG. WELPHISCHER STAMM.

TAFEL XXXIII.

Albert II., genannt der Reiche, erscheint als Gatte Berthas urk. schon [illegible] Oct. 913 und starb 16. Aug. 915, denn er erscheint als Verstorbener [illegible] Dec. 915. — Gisla lebte noch [illegible] März 931 und wurde ein Bruder Lambert [illegible] entsetzt und 928 geblendet. — Guidos Wittwe Marozia † 932 od. 33 als eine der vielen Frauen Hugos v. Italien. Ihr Sohn Alberich war vielleicht im Mai 901 geboren und Bruder Papst Johann XI., und Alberichs Sohn war Papst Johann XII.

Irmgard, Tochter Albert des Reichen lebte noch 930 und war vermählt an Albert v. Ivrea, welcher wohl vor 15. Feb. 913 seine Frau Gisela verlor; Irmgard wird [illegible] von Hugo v. Italien Germana soror[illegible] genannt, Giesebrecht (Archiv f. Schweizer Gesch. [illegible]) glaubt deshalb, Irmgard sei Hugos volle, nicht aber Halbschwester, sie müsste also sehr spät sich verheirathet haben, da Theobald v. Provence wohl vor Sept. 895 starb.

[illegible]

[illegible]

TAFEL XXXV.

[illegible]

TAFEL XXXVI.

[illegible]

TAFEL XXXVII.

[illegible]

TAFEL XXXVIII.

[illegible]

[illegible] resignirt 22. Juli 1[illegible] u. war seine Gattin Freitag 6. Aug. [illegible] geboren; Anna geb. [illegible] wurde nur verlobt 6. Nov. 1[illegible] heirathete erst 2. Feb. 1[illegible]; Franz residirte zu Gifhorn lt. Theilung v. 4. Oct. 1[illegible] u. starb sein Schwiegersohn Heinrich VI. als Gatte Annas v. Pommern-[illegible].

Otto II. erste Gattin war Wittwe Heinrich XVII. Reuss v. Gera zu Schleiz und etwa 15[illegible] geboren; Otto II. Tochter Anna (Margarethe) wird als Präpositin zu Quedlinburg 22. Juni 1[illegible] introducirt.

Ernst I. v. Celle Gattin ist geb. vor 12. April 1[illegible] u. er heirathet sie Dienstag 2. Juni 1[illegible]; die Tochter (Elisabeth) Ursula wird Gräfin v. Holstein. — Franz Otto heirathet Elisabeth (Magdalene) und † sein Schwager Johann v. Mansfeld 4. März 1[illegible].

In d. Anmerk.: Otto Heinrichs Descendenz ist 1774 erloschen und findet man Nachrichten über dieselbe auch bei „v. Oeynhausen, [illegible] Beitr. z. Gesch. d. Welfen p. 11 ff." und bei [illegible] „die Urahnen d. Welfen p. 224 ff."

TAFEL XXXIX.

Julius Ernst verliert seine erste Gattin Dienstag 2. Juli 1[illegible] und war seine Tochter Montag 10. Juni 16[illegible] geboren. — August erhält Hitzacker im 4. Theilung v. 14. Dec. 1635; Rudolph Augusts zweite Gattin † 21. Mai 17[illegible]. Ferdinand Albert I. Gattin war 26. Oct. 16[illegible] geboren. — Anton (Ulrich) Gattin ist (Elisabeth) Juliane etc. und seine Tochter Henriette Christine † als Aebt. zu Ganersheim. Ludwig Rudolphs und seiner Gattin (Christine) Louise Töchter sind Antoinette (Amalie) u. Charlotte, welche $\frac{29. \text{Oct.}}{8. \text{Nov.}}$ 1715 u. deren Gatte $\frac{30. \text{Juni}}{7. \text{Juli}}$ 1718 stirbt (vergl. White „[illegible] du Tsarévitch Alexis Petrowitch pag. 29 u. 309").

TAFEL XL.

Ferdinand Albert II. Gattin war Antoinette (Amalie) und seine Tochter (Christine) Charlotte (Louise) wurde 30. Mai 1761 Canonissin zu Quedlinburg, später Dechantin zu Gandersheim; der Sohn (Friedrich) Franz ist geb. 1732 † 1758. — Anton Ulrich geb. 1714 † 4. Mai 1774 u. von seinen Kindern † Iwan VI. [illegible] Juli 1764, Catharine 1. April 1807, ein todtes Kind war 15. Oct. 1742, Peter [illegible] März 1745, Alexis $\frac{27. \text{Feb.}}{10. \text{März}}$ 1746 geboren u. † Peter [illegible] Jan. 1798.

Elisabeth geb. 1746 wurde 21. April 1769 geschieden und starb ihre Schwester Friederike (Wilhelmine) geb. 1748 erst 22. Jan. 1758. — Carl II. Wittwe † 14. Jan. 1815 und war seine Schwägerin die Erbtochter (Carl Christian) Erdmanns.

Carl III. † 16. Aug. 1873 und sein Bruder Wilhelm als Letzter seiner Linie 18. Oct. 1884.

Die 1717 geborene Prinzessin v. Bevern war (Christiane) Sophie.

TAFEL XLI.

Elisabeth geb. 15[illegible] war verheirathet mit Friedrich v. Hohenlohe-Neuenstein zu Langenburg; Augusts (geb. 15[illegible]) Gattin Ilse war die Tochter des Amtmanns Johann Schmiedichen zu Fallersleben geb. 15[illegible] † 26. Juni 16[illegible]; Maria geb. 1573 † lt. Epitaphium (vergl. Steinmann etc.) 6. Aug. 1610.

Georg Wilhelm geb. 16[illegible] heirathet 15. Sept. 1665 und erhält die Ehe wohl kirchliche Einsegnung Ende 1676 und von seinen Töchtern ist wohl eine 1673 und eine (vergl. Publicat. aus d. preuss. Staatsarchiven 4. [illegible] u. 1[illegible]) 1676 todt geboren. Johann Friedrichs Tochter Anna (Sophie) † 1672; Ernst August I. ist 18. Dec. 26. Dec. 1698 (vergl. l'art de vérif. les dates) beigesetzt worden, seine Wittwe 8. Juni 23. Dec. 1714 gestorben u. von den Söhnen steht Georg I. 1. Oct. 1714 in London ein; (Friedrich) August ist 1661, Max (Wilhelm) 13. Dec. 1666 geboren und † Carl Philipp (vergl. herald. geneal. Zeitschr. Jahrg. 1872 zu Wien) 1. Jan. 27. [illegible] 1690 geboren.

Sophie geb. 1687 heirathet p. p. 14. pers. 28. Nov. 1706, und von ihren Bruders Kindern ist Friedrich (Ludwig) Gattin 30. (lt. engl. Rechnung 19.) Nov. 1719, Anne 2. Nov. 22. [illegible] 1709, Elisabeth (Caroline) 10. Juni 1713 geboren u. † (vergl. Royal Kalendar) 28. Dec. 1757, Georg Wilhelm [illegible] Feb. 1718, ist Wilhelm v. Cumberland [illegible] April 1721 geb. und lebte (vergl. [illegible] d. Erbpr. Friedrich v. Hessen-Cassel zum Katholicismus, Beitrag etc. von Th. Hartwig pag. 69) Marie von ihrem Gemahl seit 14. Nov. 1756 getrennt.

TAFEL XLII.

Augusta, Tochter Friedrich (Ludwigs) † 16. Jan. 1813, Elisabeth (Caroline) geb. 1741 22. [illegible] † 1759; Wilhelm (Heinrichs) Gattin war Wittwe des Earl Waldegrave; Heinrich (Friedrich) heirathet Anna Luttrel, Wittwe Christoph Hortons zu Catton Hall, welche schon 14. Jan. 1767 starb; Friedrich (Wilhelm) geb. 1750 † 1765.

Georg IV. war Regent seit 5. Feb. 1811; Friedrich v. York u. Albany wurde Bischof v. Osnabrück 28. Feb. 1764; Wilhelm IV. Tochter ist geb. u. † 27. März 1819; Ernst August II. v. Hannover heirathet zu Strelitz 29. Mai, zu London 29. Aug. 1815; August (Friedrich) v. Sussex heirathet Lady Augusta, Tochter des Earl John Murray v. Dunmore, Viscount v. Fincastle 4. April zu Rom, 5. Dec. 1793 zu London, doch wird die Ehe durch das erzbischöfliche Gericht zu London 14. Juli 1794 für nichtig erklärt und der Herzog heirathet in zweiter Ehe die Tochter von Arthur Saunder von Arran, welche 2. Mai 1831 zur Lady Underwood und 31. Mai 1840 zur Herzogin ernannt wird u. 84 Jahre alt 1. Aug. 1873 starb; Amalie geb. 1783 † 2. Nov. 1810. August Friedrichs Kinder starben August (Friedrich) 1848 und Mathilde 21. Mai 1848. Adolphs v. Cambridge Wittwe stirbt 6. April 1889 und ihrer Tochter Marie (geb. 1833) Gatte ist seit 1871 Herzog v. Teck.

Georg V. v. Hannover † 12. Juni 1878, seine Tochter Friederike heirathet 24. April 1880 Alfons v. Pawel-Rammingen, welcher 27. Juli 1843 geboren. Ihr Sohn nennt sich nach Vaters Tod Herzog v. Cumberland, Prinz v. Braunschw.-Lüneburg, heirathet 21. Dec. 1878 Thyra, Tochter Christian IX. v. Dänemark, welche geb. 29. Sept. 1853. Aus dieser Ehe sind geboren Marie 11. Oct. 1879, Georg 28. Oct. 1880, Alexandra 29. Sept. 1882, Olga 11. Juli 1884, Christian 4. Juli 1885, Ernst August 17. Nov. 1887.

Victoria geb. 1840 Gattin Friedrich III. v. Preussen, Kaiser v. Deutschland, † 15. Juni 1888; Albert Edwards v. Wales Tochter Louise hat 27. Juli 1889 Alexander William George, Marquis v. Macduff, Herzog v. Fife geheirathet, welcher geb. 10. Nov. 1849 und der Sohn Alexander ist geb. 8. † 7. April 1872; — Alice geb. 1843 † 14. Dec. 1878 und war ihr Gatte Ludwig IV. v. Hessen-Darmstadt; Alfred v. Edinburg hat Marie, Tochter Alexander II. v. Russland [illegible] Jan. 1874 geheirathet, welche geb. [illegible] Oct. 1853. Aus dieser Ehe stammen Alfred geb. 15. Oct. 1874, Marie (Alexandra) geb. 29. Oct. 1875, Victoria (Melita) geb. 25. Nov. 1876, Alexandrine geb. 1. Sept. 1878, eine todte Tochter geb. 14. Oct. 1879, Beatrice geb. 20. April 1884.

Louise geb. 1848 heirathete 21. März 1871 John Douglas Sutherland, Marquis v. Lorn, ältesten Sohn des Herzogs Georg Douglas Campbell v. Argyll, welcher geb. 6. Aug. 1845. — Arthur, dritter Sohn d. Königin Victoria (er ist im Hauptwerk weggelassen!), geb. 1. Mai 1850 und Herzog v. Connaught seit 1874, heirathet Louise Tochter Friedrich Carls v. Preussen 13. März 1879, welche geb. 25. Juli 1860 und ist Vater von Margarethe geb. 15. Jan. 1882, Arthur geb. 13. Jan. 1883, Victoria geb. 17. März 1886.

Leopold geb. 1853 wurde zum Herzog v. Albany ernannt im Mai 1881, † 28. März 1884, vermählt seit 27. April 1882 an Helene, Tochter Georg Victors v. Waldeck, welche geb. 17. Feb. 1861 und stammen aus dieser Ehe Alice geb. 25. Feb. 1883 und Leopold geb. 19. Juli 1884. Beatrice geb. 1857 hat 23. Juli 1885 Heinrich v. Battenberg geheirathet, welcher geb. 5. Oct. 1858.

Als Anmerk.: Hannover wurde Königreich lt. Patent des Prinzregenten v. 26. Oct. 1814 (vergl. Zeitschr. f. Baiern etc. v. 1816 II, p. 27). — In Anmerk. 1: Dora Jordan † im Juni 1816 und von ihr stammen die Earls v. Munster.

TAFEL XLIII.

Bonifacio I. † 28. Sept. 1163 und dürfte sein Schwiegersohn sein Ezzelino I. on Treviso, welcher urkdl. 1116 urk. vorkommt und 1150 starb; Folco II. Sohn ist Bonifacio II.; Beatrix dürfte wohl mit der Beatrix identisch sein, welche (vergl. Lünig, cod. I, 1543) 13. März 1160 ihr Testament machte; Obizzo I. Kinder sind Adelaide und Bonifacio.

Azzo VI. Wittwe † nach 11. Oct. 1235; Ezzelino II. war Podesta v. Treviso und Verona und wurde Mönch nach der Theilung der Familiengüter v. 5. Juli 1223; Ezzelino II. Schwiegersohn Enrico II. v. Egna † wohl bald nach 23. Jan. 1190 und sein Sohn Enrico v. Egna 19. Feb. 1217; Palmas (geb. ung. 1160) Tochter Maria hatte aus ihrer Ehe eine Tochter Maria. Ezzelino III. wurde 27. Sept. 1259 bei Cassano nur verwundet und † 9. Oct. e. d. zu Soncino, und war seine dritte Frau eine Tochter Manfred II. Lancia; Alberigos Tochter Adelheid heirathet erst nach 1240; Alberigos Schwester Cunina wurde in erster Ehe Feb. 1253 Wittwe.

Aldobrandino I. Tochter war an Andreas II. verheirathet, welcher 26. Oct. 1235 starb; der Sohn Aldobrandino I. war Bonifacio! — Azzo VII. war in der zweiten Ehe an eine Tochter Guidos [illegible] v. Pallavicini verheirathet, welche ihr Testament 27. Sept. 1[illegible] machte; Azzo VII. Schwester Costanza war wohl Gattin von Marco, einem Sohne des Dogen Peter Ziani gewesen; Azzo VII. Schwester war wohl auch Gattin † um 1250 und verm. an Ezzelino II. v. Collalto, denn er war bereits 12[illegible] Graf v. Treviso und † nach 1244 (als Tochter Azzos ist [illegible] zu streichen!)).

Rinaldo I. heirathet nach 1240 und lebt seine Schwester Costanza noch 30. März 1274. — Obizzo II. heirathet in zweiter Ehe die Tochter Albert I. de la Scala im Juli 1289; Azzo VIII. in erster Ehe im Sept. 12[illegible]; Beatrice in erster Ehe Ugolino Visconti, welcher um 1296 starb; Aldobrandino II. wird im Herbst 12[illegible] Wittwer.

Bertold heirathet Catharina 4. Juli 1[illegible], sein Sohn Franz II. ist im Juni 1[illegible] geboren u. † 13. Dec. 1[illegible], heirathet in erster Ehe Montag 3. Juni 1[illegible], dessen Tochter Ursina † um 1[illegible] u. deren Bruder Giacomo schon 1[illegible].

TAFEL XLIV.

Alisia † 16. Aug. 1329, heirathete im Sept. 1[illegible] und wurde Wittwe 14. Aug. 1[illegible]; Obizzo III. heirathete im Mai 1317, Beatrice, Tochter Rinaldo III. heirathete 2. Feb. 1[illegible] u. † 13. Feb. 1[illegible] und ihr Gatte erst 1[illegible]. Aldobrandino wurde gewählt als Bischof v. Adria 20. März 1[illegible] und gewählt 3. Mai 1[illegible] und [illegible] zu Modena; Azzo geb. 1. Mai 1[illegible] wurde seit dem Bruder Coadjutor 31. Mai 1[illegible] und † Jan. 1371. — Rinaldo III. Sohn Nicolo I. ist geboren 5. Sept. 1[illegible].

Von Obizzo III. Kindern heirathet Beatrice p. p. 15. Aug. 1[illegible] Waldemar I. v. Anhalt zu Zerbst u. Cöthen, doch wurde die Ehe wohl erst [illegible] vollzogen; Aldo geb. 10. Juli 1[illegible] heirathet 16. Feb. 1[illegible]; Aldobrandino III. 16. Sept. 1[illegible] u. † 2. Nov. 1[illegible] (von seinen Kindern ist Azzo geboren 20. Nov. 1[illegible] und wohl bald gestorben; Viridis vermählt 14. Juni 1[illegible] und vor 16. Juli 1[illegible] Wittwe); Rinaldo geb. 10. Oct. 1[illegible] † [illegible] Juli 1[illegible]; Alisia geb. 1[illegible] lebte noch Sept. 1[illegible], der Gatte starb Dec. 1[illegible]; Folco geb. 1[illegible] † 1[illegible]; Costanza geb. 25. Juli 1[illegible] † 1[illegible] heirathete p. p. 2. Mai 1[illegible], doch wurde die Ehe wohl erst 9. Juli 1[illegible] vollzogen u. war der Gatte Malatesta III. geb. Juni 1[illegible] u. † 17. Juli 1[illegible]; Ugo heirathete eine Tochter Malatesta III. 29. Juli 1[illegible], welche 15. Oct. 1[illegible] starb; Albert I. geb. 27. Feb. 1[illegible] und lebte seine erste Frau noch Mai 1[illegible]; ein natürlicher Sohn Obizzo III. ist auch Rinaldo † 14. Dec. 1[illegible]. — Niccolo II. Sohn Rinaldo ist 16. Nov. 1371 geboren; Taddea, die Tochter an Franz Carrara vermählt.

Niccolo III. ist geb. 9. Nov. 1[illegible], heirathet in zweiter Ehe 2. April 1418 in dritter 5. Oct. 14[illegible]. Seine Töchter würden richtiger zu ordnen sein: [illegible], Lucia, Ginevra etc.; Camilla heirathet Rodolfo v. Camerino 14[illegible]; Ugo † März 14[illegible]; Beatrice † vor 20. Nov. 14[illegible]; Orsina heirathet Andrea Gonzaga 14[illegible]; Niccolo, Sohn Gurones wurde Bischof 14[illegible]; Rinaldo geb. um 14[illegible] heirathete Lucrezia 6. Juni 14[illegible] (von seinen Kindern Niccolo die Tochter Theophilus Calcagnino und Laura Alfonso v. Calcagnino, beide 29. Juni 14[illegible]); Meliaduse † 20. Jan. 14[illegible] und war sein Enkel Meliaduse Bischof v. Comacchio dessen Enkel Scipio nach Ughelli „Italia sacra IV. 673" Bischof zu Casale seit 5. Juli 1[illegible] und † 15[illegible].

Zur Anmerk. 1: Auch das Chronicon Estense (vergl. Muratori „rer. Italic. scriptores T. XV [illegible] u. [illegible]") sagt, dass Giacomo (verm. seit Mai 1317 u. † 3. Mai 1342) Obizzo III. Gattin gewesen sei!

TAFEL XLV.

Ercole I. † 15. Juni 1505 und von seinen Söhnen ist Ferdinand geb. 20. Sept. 1477; war Ippolito Erzbisch. zu Gran 1487—97, Erzbisch. zu Mailand seit 18. Nov. 1497, zu Capua seit 1502, Bisch. zu Ferrara seit 8. Oct. 1503 und zu Modena seit 1507, † 2. Sept. 1520; heirathete Lucrezia Annibale Bentivoglio vor 6. März 1487.

Alfons I. beherrschte in erster Ehe 12. Febr. 1894, in zweiter Ehe Leerovia. geschied. Usw. Johann Maria's v. Penzow, Wittwe des Alfons v. Massagia ied. Menöll', einen Sohne den Königs v. Neapel, ist geb. 18. April 1588, verm. ρ ρ M. Dur. 1507 und porn. 2. Febr. 1507 und † 74. Juni 1548. Alfons I. Kinder sind ein Sohn geb. 20. Nov. 1497 † einige Tage alt; eine Prinzessin todt geb. 8. Sept. 1507; Ippolito Erzbisch. zu Mailand 1500—29. zu Narbonne 27. Juni 1550—54, zu Arch 1551—54 und wieder zu Narbonne seit 8. Oct. 1563 und zu Arles † bei. 1562—67; ein Alexander der zweite ist zu streichen!' geb. April 1514 † 24. Juli 1546; Franz v. Massa † 22. Febr. 1578; eine Prinzessin todt geb. 22. Juni 1589. Alfons II. beherrschte in dritter Ehe Eleonore v. Massa. Leerovia v. Ferino lebte wohl seit 1576 von ihrem Gatten getrennt; Ludwig war Bisch. zu Ferrara ver bis 1562, Erzbisch. zu Anch seit 1564.

C'asa meze auf Ferrara verschtien R. Terts. vom 12. Jan. 1598; Alexander war seit 1621 Bisch. zu Reggio. — Angelo Catharina, Chara Eshella, und Borso's Tochter heirathet Emanuel-Phillbert v. Savoien d'argnsa. Franz I. erste Frau ist 24. Febr. 1645, die zweite Frau 29. April 1640 geboren; Dinalde, der Bruder, war Bisch. zu Reggio zur bis Jan. 1601. — Franz I. Tochter Maria heirathet zu. 16—22. Oct. 1652; Maria-Beatrice

die Tochter Alfons II., ist M. englischer Rechnung 25. Sept. M. ref. 1656 geboren.

Benedicta † 17. Sept. 1777 und Clemens, ihr Bruder, geb. 28. ed. 23. April 1700, † 18. 1719 in den grebill. Stand. — Tec Franz 123. Kindern ist geb. 15. Nov. 1703 und † 16. Juni 1705 ivergl. Fortsetzung „An Alfred Expvil II. N. 50 ff.", welcher am ganz Zahl der einen Sohn Kraul; heirathet Felicitas 23. Dec. 1744 Johann v. Ponthltern, welcher 4. März 1732 stirbt; eine Prinzessin geb. 24. Nov. 1729 † 3. April 1730; Fortunate Marie ist 23. Juli 1724 geboren; Benedict geb. 1726, erhält die Abtei Aischia in Stadthroich d. Juni 1747; Maria Ernestine ist 12. Febr. 1141 geboren; Franz Maria geb. 1743, war Bisch. zu Reggio seit 30. Sept. 1793, und Friedrich geb. 1736 † als Prior der Malteser 8. Dec. 1829.

Sigmund I. v. 94. Martins Tochter Leerovia heirathet Alberigo, welcher 1349 stach; Massa Alberigo Sohn Hugo's v. M. Severino zu Salland. — Carl Philibert 23. und seine Gattin erscheinen arb. 1. März 1671. — Sigmund IV. heirathet Nov. 1673.

DÄNEMARK. HOLSTEIN-OLDENBURG.

Egilmar I. ist (vergl. Oldenburg-Rastofer Chron.) Sohn Hajo's aus Uprustringen und Eisan, der Schwester der Klostervogt Hane zu Rastad (vergl. Hamelmann, oper gened-hoher. p. 255, Fersch., b. dant. Geerb. 16, 5734. — Christian I. erscheint zur arb. 1340 bis 1336, soll aber (vergl. Fersch. z. dant. Geerb. IV. 375 wohl vor 1112 gestorben sein; ein Bruder Egilmar II. erscheint arb. noch 3. Sept. 1542, seine Tochter Eliza arb. zwar 1102 bis 1. April 1103, ist aber vielleicht schon nach 10. Mai 1104 gestorben; Otto erscheint als Dompropst zu Bremen noch 22. April 1142.

Heinrich II. (selbe war geb. Gräin v. Malberamsd und † nach 1196; Gerhard I. wurde zwar 1110 Erzbisch, dach erst Frühjahr 1217 introductrit; Otto II. erscheint 1196 als Canonикая, 1564 und noch 23. Mai 1260 als Dompropst zu Bremen, wurde zwi Ministeri. 1296 Bisch. zu Münster. Moritz I. war zu eine tirchia v. Welcherende vermählt und hatte (vergl. Brem. Urkundenb. I, 315 ff. vielleicht noch 1219 gelebt. Von seinen Kindern erscheint Christian IV. arb. seit 1289 und † vielleicht schon vor 1206, geen ins vor 12. Juni 1263; Hedwig lebt noch 1240 und ihr Gatte † vor. 1249 v. 1229 - ihr Sohn Hildebrand wird ins Herbst 1238 Erzbischof und 17. April (oder anderwürt); Otto III. Gustin v. Welcherende erscheint in einer Memmeionsitung von 1200 mit Namen Mathilde und einem jung verster. Sohne Heinrich; Cunigundens Gatte tisseliiert IV. † noch 23. Nov. 1235 (deren Söhne waren Wilhelm, wohl noch 21. Oct. 1241 am Leben, und Christian vor 23. Oct. 1275 Erzbisch. zu Bremen, und der Enkel Florens wurde noch 7. April 1247 zum Erzbisch. gewählt).

Waldemad I. erscheint 1217 als Canonicus zu Münster wurde 1. Dec. 1222. Bischof zu Paderborn und war 1299 noch Administrator zu Osnabrück und wurde noch 18. April 1277 Bischof zu Utrecht.

Heinrich IV. der Regier † wohl schon zu. Feb. z. 16. April 1276 und war bereits 1232 der Elisabeth (äl.te.; Adolph I. erscheint 19th als Propst zu Ebbe und in demselben Jahre noch sein Bruder Otto IV. — Heinrich IV. im Sondervathaneen hansad ach bis 1275 ver u. wer Bernhard III. wohl noch Weissmann zu Lübeck arb. 13. März 1261).

Hildebrand I. Bruder Burchard III. erscheint 1275 als Canonicus zu Magdeburg; eine Schwester der beiden Brüder ist 1878 ver u. wer Brustwanen erscheinen arb. seit 12. Dec. 1296 und seine Schwiegersohn Nicolaus I. lebte noch 17. März 1267.

Christian IV. (in d. Vebersehrift) † gewinn vor 12. Juni 1243, denn bereits 8. Oct. 1243 erscheint Johann I. selbstständig, war vermählt zu eine Tochter Heinrich I. (siehe kl.) v. Haya; Johann I. Zeitgenosse (st 1914 v. Oldenburg (der Dombert Gerhard zu Bremen gehörte zum gleichnamigen Adelsgeschlechte!!), Abt an M. Pauli arb. bereits 23. April 1257. Christian V. lebte noch 23. Nov. 1365 und soll seine Gattin eine tirchia v. Wortholm gewesen sein, allein J. 23. Jung., hist. concid. Brathrevens.' weiss nichts davon, der † von 1267. — Otto V. erscheint arb. bis etwa 2. Feb. 1204 und erhielt seine Gattin Schwester von Gerhard II. und Otto II. v. Haya geworden zu sein (eine zweite Gattin ist zu streichen, die Vermandtschaft mit Neuenacher, dans sich durch Johann II. (Linie erhält!!); Heinrich VI. erscheint arb. zum 4. Mai 1275, Moritz als Domberr bereits 26. Nov. 1245 und erscheint als Propst zu Wildeshausen war noch bis 3. Feb. 1290; die Zeitgenossin Hedwig lebt noch 19. Jan. 1790.

Otto V. Tochter ist nach Hedwig, wahre durch Papst Bonifaz VIII. (Supras 27. Juni) 1297 erhielt, am Werner v. Hademerlohen, Grafen v. Frieslung, Wittwer der Agnes v. Brunschen. – Lüneburg z. Mathildren v. Anhalt zu heirathen: die Abtei wohl J. Johann. arb. † zu. 18. März 1343 n. verm. zu eine Cunigunde S. 1h v. 1835 Globohne sind Christian arb. bereits 1235 n. † zu. 24. Aug. 1367 n. 24. Mai 1570; Johann arb. F. Feb. 1348 bis 15. März 1369 und Bernhard arb. 8. Feb. 1366 bis 16. Juli 1388.

Conrad I. (vergl. Veberschrift) † jedenfalls vor 30. Aug. 1283 u. von seinen Söhnen kommen arb. vor Conrad II. 1. Juni 1342 bis 28. Aug. 1381 und als Gatte Oustgundens (einer Tochter Rudolph I.) v. Diepholz A. Jan. 1357 v. 1. Aug. 1377; Gerhard heiraths 1. Juli 1342 n. Gotto der Agnes, Tochter Dietrich VI. v. Hohnstein und Schwestertochter Erzbischof Alberts v. Bremen. — Conrad II. Sohne sind zur Johann (III.).' 14. Uri. v. 14. Sept. 1364 bis 15. Juni 1306 und Moritz IV., zuerst erwähnt 14. Sept. 1301 u. als Gatte der Elisabeth v. Braunschweig bereits 6. März 1307, welcher 1600 als

Christian war der Gatte Hedwigs v. Haya, welche des Sohnes Otto II. Urk. v. 13. Juni 1371 Verschänderin und vielleicht noch 16. Sept. 1376 am Leben, kann also nicht wie v. Hedwig, einen v. Brunschen geworden sein der kleiner Sohn Christian's verschied arb. 21. Jan. 1384 mit den Acttern. — Otto erscheint arb. sneed 21. Nov. 1370 stand unter Vormundschaft (Otto v. Tecklenburg 1376 u. 76 und muss der Gral O. seiн, welcher achten Frau Heddingen durch Christan v. Delmenhorst verwarlost wurde. Delmenhorst war 37. Sept. 1290 acrbich erhält, und dessen Sohn Erzbischof Nicolaus arb. schon 15. Juni 1401 erschiedet, Erzbischof M. zur. 1427 wurde u. 3. April 1447 starb; Anverba acbrich, Keppd. Bremen, p. 545 stark - und II. Christin, welcher arb. bis 29. Nov. 1383 erscheint, vielleicht aber arb zu. 21. Jan. 1384 u. 19. Jan. 1385 stark und seit 16. Feb. 1317 zu Elisabeth, Tochter der Nicolaus v. Mecklenburg zu Rostock verlobte und sie wohl noch spätter heirathete. Christins Söhne sind 1808 arb. 21. Juli 1349 Theoberet zu Bremen und Gerhard arb. 5. Sept. 1343 und zuerst arb. 11. Juli 1349 Domberr zu Bremen und Osnabrich, b. Jan. 1353 als Propst zu Bückingen, darb schon 13. Dec. 1286 als minregistender Junker, vorhand Delmenhorst wohl nach 24. Mai.) 1376, war jedoch noch 16. Nov. 1391 am Leben; Wardifar, welcher Domberr zu Bremen war 8. Uri. v. 11. Juli 1349 u. 22. April 1350 und † zu. 1389.

Johann II. † zu. 7. Sept. 1314 n. 4. Nov. 1320 u. ist in zweiter Ehe verm. an Hedwig, Tochter Conrad III. v. Diepholz h. Ebebenroi, v. 13. Sept. 1284; der Vater von 3a sind Christian, welcher namentl. 20. Nov. 1278 bis 7. Sept. 1311 vorkommt und Otto, welcher zuerst 30. Nov. 1294 vorkommt, Erzbischof seit 5. Sept. 1341 ist, noch zur. 2. Jan. und 13. Feb. 1348 stirbt. Johann II. Söhne sind Christian arb. bereits 15. Aug. 1305 und gleich dem Bruder schon als der dort.en Namen seines 5. Nov. 1327 am Leben; Johann III. erhandl. 11. Aug. 1306 bis 20. April 1341 und (beste Mathilden, welcher arb 22. Juli 1360 stach (von Ihm stammen Johann arb. 29. Sept. 1351 bis 1. Mai 1356 nach (later Enme's und Vater Johanns, welcher als Sohn der Enma und 24. Aug. 1360 bis 3. Aug. 1309 genannt wird; Otto arb. 29. Sept. 1351 bis 4. Jan. 1363; Christian arb. 29. Aug. 1351 bis 4. Mai 1367 und † 30. Juli 1368; und Wilhelm arb. 30. Sept. 1351 bis 4. Mai 1362); - Conrad 1. arb. 30. Feb. 1319 bis 31. Jan. 1347 und gestorben wohl vor 29. März 1355 mit Hinterhalt vor 30. Aug. 1363 und Germ. Ingeborga, einer Tochter Gerhards v. Holstein N. 1'rb. v. 24. Jan. 1308; und Moritz III. arb. seit 29. Feb. 1319 und zwed als Domberr zu Bremen 18. März 1307, spätter Propst zu St. Wilehad, war zuletzt Administrator zu Bremen noch 3. Juli 1369.

Zur Erklärung der Anmerkung. Neuerdinge gibt v. Bippen (vergl. Bremer Jahrb. Bd. 5> weitere Aufschlüsse nach Frensdem Ende der Regiung Dietrich der Glückselige, gleichwohl bleiben immer noch Hilfsiter die Geschlechtes, die dem Hauptstamme nicht eingereiht werden können, z. B. (linie v. Oldenburg, welche die C'mesinien zu Vreden 13. März 1239 erscheint und zu. 1343 als tintin Gerhards v. Haya vergl. Ettlerh. circ. (Westfalen N. 33' p. 53 ff.) gestorben, Sophle v. Oldenburg als Nonne zu Heven 1375—60 (vergl. das. N. p. 31 ff.) erwähnt; Christian v. Delmenhorst (vergl. Haring >circa dephased. 60!" erschließt 30. Nov. 1390 als Propst v. Wehrade.

Vater eines Johann erscheint, während die Tochter Ingeburg zwischen 14. Sept. u. 4. Nov. 1431 stirbt, Gattin Oeke [illegible] Bruke schon 23. Oct. 1420 war, welcher zw. 28. April u. kurz vor 29. Aug. 1433 als Gatte einer Clara starb.

Christian VI. Söhne sind Dietrich u. Christian, welche wohl schon 29. Aug. 1377 wo zwei Kinder, wenn auch ohne Namen erscheinen, vorkommen; Christian wird vor 29. Juni 1396 Canonicus zu St. Gereon in Cöln und Dietrich heirathet Hedwig lt. Eheverschreibung vom 23. Nov. 1423, welche ungefähr 1436 stirbt.

Moritz V. ist erst 1428 geboren, heirathet Catharina Mittwoch Quadragesimä (damit ist wohl 22. Feb. gemeint?) 1450 ist Vater Adelheids; Christian I. wird in Wirklichkeit 28. Sept. 1448 zum König v. Dänemark gewählt und heirathet Dorothea am Tage Simonis et Judä also 28. Oct. 1449; Adelheids erster Gatte Ernst III. † nach 2. Juni 1454. — Von Gerhard VI. Söhnen stirbt Gerhard nach 24. Sept. 1476, erscheint Dietrich 10. Juli 1463 als dritter Sohn, während Christian in dieser Urkunde gar nicht genannt wird; Otto starb 1500 als Domherr zu Cöln und Bremen.

Johann XI. heirathet die Gattin lt. Leibgedingsverschreibung v. 23. Sept. 1490; Irmgard Herr Omken zu Esens u. Stedesdorf lt. Heirathsvertr. v. 8. Oct. 1460, welcher 1522 starb. Hedwig war verheirathet mit Edo Wymken II., Wittwer Frouwe's v. Esens, welcher 19. April 1511 starb. — Johann XII. resign. 1529 u. † 1548; sein Bruder Christoph war auch Domherr zu Cöln.

Catharina geb. 1530 † 1. Feb. 1620; Anton besass Delmenhorst seit 2. Nov. 1577, und heirathet dessen Tochter Emilie 4. Feb. 1588.

Anna Sophie geb. 1579 † 10. Juni 1639; Anton Günther † 13. Juni 22. col. 1667.

TAFEL L.

König Johann † 20. Feb. 1513 und seine Wittwe 8. Dec. 1521; Margarethe angebl. 1456 geboren † wohl vor 14. Juli 1486 u. wird 29. Feb. 1487 begraben, heirathete 10. Juli 1469 und war deren Gatte vor 1. Juni 1456 geboren.

Elisabeth Christian II. Schwester war 1485 geboren und starb 10. Juni 1555 und von Christian II. Töchtern heirathete Dorothea 29. Sept. 1535; war Christine 1521 und ihr erster Gatte 4. Feb. 1495 geboren.

Christian III. heirathet 29. Oct. 1525; Dorothea ist 1. August 1504 geboren; Elisabeth † 15. Oct. 1586, deren Schwester Anna 4. Juni 1535; Adolph war seit 1586 Administrator zu Schleswig; Friedrich wird Coadjutor zu Schleswig lt. Capitulation v. 30. März 1549, Bischof bereits im Mai 1551.

Magnus hatte 17. April 1560 die Regierung als Bischof v. Oesel schon angetreten, nannte sich schon 8. und 12. Juni e. a. Bischof zu Oesel, Wiek u. Curland u. bereits 6. Aug. e. a. auch Administrator zu Reval, verlor Oesel vor 18. Sept. 1574, erscheint aber bereits 12. Oct. 1570 als König v. Livland; seine Tochter starb 1597 noch vor der Mutter. — Johann v. Sonderburg † lt. Epitaphium 9. Oct. 1622, demnach sind andere Tagesangaben zu berichtigen.

Elisabeth geb. 1573 heirathet am Ostertag St. vet. 19. April 1590 und war ihr Neffe Friedrich III. Bischof zu Verden bis 10. April 1648.

Georg geb. 1653 führte in Folge seiner Heirath den Titel Herzog v. Cumberland, seine Gattin ist nach englischem Styl 1664, oder jetzigem 1665 geboren und † 18. Aug. St. nov. 1714, der Sohn Wilhelm v. Gloucester (vergl. Letters illustr. of the reign of William III. by James esq. III. 119) 30. Juli 1700. — Ulrike (Eleonore) Carl XI. v. Schweden Gattin † $\frac{26.\ Juli}{5.\ Aug.}$ 1693.

Zur Anmerkung 3. Gegengründe, dass Ulrike Ehe wirklich stattgefunden, sind einzusehen Jahrbr. f. Meckl. Gesch. 40, 176.

TAFEL LI.

Christian VI. Gattin wäre richtiger (Sophie) Magdalene zu nennen; ihre Enkelin, Friedrich V. Tochter und Gattin Wilhelm I. v. Hessen-Cassel, hiess Caroline.

Caroline, Tochter Friedrich VI. † 31. März 1881, ihr Schwager Carl v. Holstein-Sonderburg etc. 24. Oct. 1878. — Christian VIII. wurde in erster Ehe 31. März 1810 geschieden; die Wittwe starb 9. März 1881, deren Schwägerin Caroline 31. März 1881; Friedrich VII. geschiedene zweite Frau 1. Juni 1876, die Wittwe 6. März 1874.

Dem Kronprinzen Friedrich sind geboren: Christian 26. Sept. 1870, Carl 3. Aug. 1872, Louise 17. Feb. 1875, Harald 8. Oct. 1876, Ingeborg 2. Aug. 1878, Thyra 14. März 1880, Gustav 4. März 1887.

Georg I. v. Griechenland ältester Sohn Constantin führt den Titel Herzog v. Sparta und hat $\frac{15}{27}$ Oct. 1889 Sophie, Schwester Kaiser Wilhelm II., Königs v. Preussen, geheirathet, welche 14. Juni 1870 geboren. Weitere Kinder des Königs sind Alexander geb. $\frac{20}{1}$ Aug. 1870 ist seit $\frac{4}{16}$ Juni 1889 Gatte Paulo v. Russland, welcher geb. 1860, Nicolaus geb. $\frac{9}{21}$ Jan. 1872, Marie geb. $\frac{20.\ Feb.}{3.\ März}$ 1876, Olga geb. $\frac{20.\ März}{1.\ April}$ † $\frac{22.\ Oct.}{3.\ Nov.}$ 1880, Andreas geb. $\frac{20.\ Jan.}{1.\ Feb.}$ 1882, Christoph geb. $\frac{29.\ Juli}{10.\ Aug.}$ 1888.

Dagmar (Maria Feodorowna's) Gatte ist Alexander III. v. Russland und Thyra hat 21. Dec. 1878 Ernst August v. Cumberland, Erben v. Braunschweig-Lüneburg geheirathet, welcher geb. 21. Sept. 1845; Waldemar geb. 1858 hat Marie v. Orleans, Tochter Roberts v. Chartres 22. Oct. 1885 geheirathet, welche geb. 13. Jan. 1865 und ist Vater von Aage geb. 10. Juni 1887, Axel geb. 12. Aug. 1888.

TAFEL LII.

Dorothea ist vermählt pridie Nonas Decembrium, also 4. Dec. 1568; Anna ist 7. Oct. 1577 geboren; Sophie heirathet 4. März St. vet. 1607 und war ihr Gatte 29. Juli 1575 geboren; ihr Bruder zu Norburg ist (Johann) Adolph, der andere wäre richtiger (Johann) Georg zu nennen. Friedrich zu Norburg † lt. Notiz 22. Juli 1658 u. starb die erste Gattin Juliane lt. Kirchenbuch zu Norburg 1. Dec. 1630. Von Friedrichs Kindern muss Johann Bogislav 1669 Norburg an Dänemark abtreten; seine Schwester ist richtiger (Elisabeth) Juliane zu schreiben und heirathet Rudolph (Friedrich) 10. Juli 1680.

Philipp Ernsts v. Glücksburg dritte Frau war (Marie) Charlotte v. Sonderburg-Augustenburg und die Tochter erster Ehe Charlotte Amalie Canonissin zu Gandersheim seit 24. Aug. 1720, die Enkelin Sophie (Magdalene) Aebt. zu Vallöe seit 1782.

TAFEL LIII.

Auguste (Sibille) geb. 1649 heirathet Ernst v. Geilhorn auf Petersswaldau in Schlesien, Wittwer Annas v. Maltzan 1666, welcher geb. 1647, am 3. April 1679 als Gem. Annas v. Schweinitz stirbt; Marie Sibille heirathet in zweiter Ehe Carl Anton v. Gansel zu Hultschin u. Dobroslow, Wittwer Priscas v. Cyrgkie etc. 1711. — Eleonore Charlotte Christine wurde (vergl. Mitth. d. Ver. f. Hamburg. Gesch. 7, 100) schon 9. Sept. 1708 getauft.

Magdalene Sophie v. Wiesenburg geb. 1654 war Pröpstin zu Quedlinburg seit 30. Mai 1685; ihre Schwester Dorothea Elisabeth war in erster Ehe an den Grafen v. Sinzendorf zu Friedau vermählt u. † der zweite Gatte lt. Urk. vom 30. Nov. 1716. — Friedrich hätte sich (vergl. Grünner, schles. Provinzialblätt. N. F. Bd. I v. 1862 pag. 320) im Oct. 1672 verheirathet; gesch. wurde er lt. Vergl. v. 8. Aug. 1688. Friedrichs Sohn Leopold heirathete (Marie) Elisabeth, Tochter von Johann Adam (Andreas), Wittwe Max II. (Jacob Moritz) v. Liechtenstein, welche geb. 3. Mai 1682. Von den Töchtern war Theresia (Marie Anna) verheirathet mit (Johann) Aloys I.; (Marie) Eleonore (Charlotte); (Marie) Gabriele (Felicitas) † 12. Juni 1720. — Eleonore (Margarethe) geb. 1685 heirathete Max II. (Jacob Moritz), Wittwer der Johanna (Beatrix), welcher als Gatte (Marie) Elisabeths starb.

TAFEL LIV.

Ernst August geb. 1660 war verm. an eine Tochter Conrad Gumprechts v. Velbrück zu Gewen, Laerhgalt etc. (vergl. Strange „Beitr. z. Geneal. d. adl. Geschl. etc. Hft. V, p. 78"), welche 1712 starb. — (Marie) Charlotte geb. 1697 war die Gattin von Philipp Ernst etc.

Friedrich Christian I. ist geb. 1721 † 1794, sein Sohn ist Friedrich Christian II., dessen Bruder Christian (August) † 1810. Von Emilie († 1841) Kindern † Charlotte 2. Feb. 1890, Pauline 16. Dec. 1887, Waldemar 20. Jan. 1871, Amalie 27. Sept. 1878.

Caroline geb. 1796 † 9. März 1881 u. des Bruders Wittwe Marie (Esther) hat sich 14. April 1874 wieder verm. an Alfred v. Waldersee, Chef d. deut. Generalstabes, welcher geb. 8. April 1832. — Friedrichs Sohn erster Ehe geb. 1830 wird auf seinem Antrag 12. April 1870 zum Grafen v. Noer ernannt und † 25. Dec. 1881, war verm. seit 12. Mai 1870 an Carmelita, Tochter d. Kaufmann Heinr. Ant. Alb. Eisendecher zu La Guayra im Südamerik. Freistaate Venezuela, welche geb. 21. Aug. 1848.

(Louise) Auguste geb. 1804 † 24. Mai 1837, der Bruder Friedrich 11. Jan. 1880 u. heirathet Henriette geb. 1833 den Geh. Medicinalrath Dr. Johann (Friedrich August) Esmarch, Wittwer von N. Stromeyer 20. Feb. 1872, welcher geb. 9. Jan. 1823. — Christian geb. 1831 hat aus seiner Ehe Victoria geb. 1870, Louise (Auguste) geb. 12. Aug. 1872, Friedrich geb. 12. † 20. Mai 1876.

(Auguste) Victoria geb. 1858 ist vermählt an Wilhelm II. v. Preussen und Deutschland seit 27. Feb. 1881, welcher geb. 27. Jan. 1859; (Caroline) Mathilde geb. 1860 ist seit 19. März 1885 Gattin (Friedrich) Ferdinands v. Holstein-Sonderburg-Glücksburg, welcher geb. 1855; (Ernst) Günther geb. 1863; Louise geb. 1866 verm. seit 24. Juni 1889 an (Friedrich) Leopold v. Preussen, welcher geb. 14. Nov. 1865; zu ergänzen Feodora geb. 3. Juli 1874.

TAFEL LV.

Dorothea geb. 1685 soll (vergl. Archiv f. Gesch. v. Oberfranken VI, 20) erst 1760 in Schweden, nach „Encyclop. v. Ersch u. Gruber etc. Sect. I, Bd. 70 p. 285" bereits 17. Mai 1752 gestorben sein.

Peter August war in zweiter Ehe verm. an die Tochter des Admirals Golowin und seine Nichte in zweiter Ehe an Georg (Ludwig) v. Holstein-Gottorp und seine Tochter Catharina geb. 1750 wurde Iwans Baratinskys Gattin.

Amabilie geb. 1717 † 1776, ist verm. an Manuel Tellez de Sylva-Tarouca, welcher geb. 17. Sept. 1696 u. † 8. März 1771. Von Ihnen stammt die gräfl. Familie Sylva-Tarouca.

Carl geb. 1813 † 24. Oct. 1878, Friedrich geb. 1814 † 27. Nov. 1885 (war verm. an eine Prinzessin v. Schaumburg-Lippe), Julius geb. 1824 (verm. seit 2. Juli 1883 an Elisabeth v. Ziegesar — Gräfin Roest, welche geb. 16. Juni 1856 und † 23. Nov. 1887), Nicolaus geb. 1828 † 1849. — Friedrichs Tochter Auguste geb. 1844 hat Wilhelm v. Hessen-Philippsthal-Barchfeld 6. Dec. 1884 als dessen vierte Gemahlin (vergl. Hessen) geheirathet, welcher geb. 3. Oct. 1831; Augustens Bruder (Friedrich) Ferdinand geb. 1855 hat (Caroline) Mathilde v. Holstein-Sonderburg-Augustenburg, Schwester d. deut. Kaiserin 19. März 1885 geheirathet, welche geb. 1860 und sind aus dieser Ehe geboren Victoria 31. Dec. 1885, Alexandra 21. April 1887, Helene 1. Juni 1888.

TAFEL LVI.

Joachim Ernst II. war an Isabelle (Margarethe Franziska) von Merode-Westerloo, verwittwete Gräfin v. Merode zu Petersheim und Steyn, Erbin von Westerloo, vermählt (hier ist Petersheim zu streichen!), welche geb. 1649 und † 3. Jan. 1701. Der Sohn dieser Ehe war verheirathet mit Marie Cölestine (Philippine Josephe) v. Merode zu Treslon. — Sophie Eleonorens (geb. 1664) Gatte † als Gem. Franziska Barbara's v. Welta.

Christian (Carl) geb. 1674 war verheirathet mit (Dorothea) Christine v. Aichelberg, welche der König v. Dänemark in den dänischen Fürstenstand erhob lt. Diplom vom 19. Dec. 1722. — Joachim (Friedrichs) Tochter (Christiane) Louise † 6. April 1778.

TAFEL LVII.

Christine ist Montag 12. April 1573, Christian Dienstag 29. Mai 1576, Johann Friedrich am Tage Aegidii 1. Sept. 1579 geboren, und Anna geb. 1575 † 1610. — Elisabeth ist 12. Oct. 1580 und Adolph Freitag $\frac{3}{13}$ Sept. 1600 geboren und † letzterer $\frac{5}{15}$ Sept. 1631. — Friedrich IV. war vermählt an Hedwig (Sophie) v. Schweden.

TAFEL LVIII.

Peter III. ist Thronfolger in Russland $\frac{7}{18}$ Nov. 1742 geworden. — Michaels (geb. 1798 † 1849) Wittwe Helena Pawlowna † $\frac{9}{21}$ Jan. 1873 und ihr

[illegible]

TAFEL LIX.

[illegible]

TAFEL LX.

[illegible]

FRANKREICH. (FAMILIE BONAPARTE.)

TAFEL LXI.

[illegible]

TAFEL LXII.

[illegible]

TAFEL LXIII.

Joseph war König v. Neapel bis 6. Juli 1808 und war seine Frau, Tochter des Kaufmanns Franz Clary, 1771 geboren, und ist seine Tochter Charlotte 3. März 1839 gestorben. — Napoleon I. wurde in erster Ehe 15. gegenseitiger Erklär. v. 15. Dec. 1809 u. gerichtlicher v. 9 u. 10. Jan. 1810 geschieden, heirathete bürgerlich 1. u. kirchlich 2. April 1810 und von seinen Adoptivkindern ist Eugen 16. Jan. u. Stephanie wohl 3. März 1806 adoptirt. — Elise erhielt Massa Carrara 30. März 1806, wurde Grossherzogin v. Toscana 3. Decr. v. 3. u. Proclamat. v. 23. März 1809, verliess Lucca 14. März 1814 u. nannte sich Gräfin v. Compignano, ihr Sohn Friedrich Napoleon ist 10. Aug. 1814 geboren, ihr Schwiegersohn Philipp Camerata ist 25. Mai 1842 gestorben. — Ludwig ist wohl im Frühjahr 1810 von Hortense geschieden worden und von seinen Söhnen war Ludwig Napoleon Grossherzog v. Berg bis 3. Nov. 1813, starb dessen Wittwe 3. März 1849 und Napoleon III. wurde Gefangener des Königs v. Preussen 2. Sept., des Thrones verlustig erklärt 4. Sept. 1870 u. starb 9. Jan. 1873 und sein Sohn 1. Juni 1879. — Pauline war Herzogin von Guastalla bis 24. Mai 1806, heirathete in erster Ehe Jan. 1797 u. war ihr zweiter Gatte Gouvernementsverweser v. Piemont 15. April 1808 bis 27. April 1814. — Carolinens († 1839) Tochter Louise wurde 13. Juli 1876 Wittwe; Lätitia heirathete Guido Taddeo Pepoli und stirbt deren Sohn Joachim geb. 1825 als Senator 26. März 1881 und ist die Tochter Pauline wohl wieder verm. an Graf Mosti.

(Napoleon) Lucian Murat † 10. April 1878 u. seine Wittwe 15. Feb. 1879 u. von ihren Kindern wird Caroline 30. Nov. 1890 Wittwe u. heirathet in zweiter Ehe 1871 Esq. John Garden of Redisham; Joachim (Joseph Napoleon) verm. 23. März 1854 u. Wittwer seit 16. Mai 1882 (Vater von Eugenie (sic!) geb. 1855 verm. seit 18. Juni 1881 an Joseph Corrarini, Herzog v. Lavello, Fürsten v. Torella; Joachim Napoleon geb. 1856 Gatte Cheftens der Tochter Michaels Ney v. Elchingen seit 10. Mai 1884, welche geb. 26. Aug. 1867 und ist Vater von Joachim geb. 6. Aug. 1885, Marguerite geb. 20. Nov. 1886. — Anna geb. 1863 Gattin Agenors Goluchowski seit 7 Juni 1885, welcher geb. 25. März 1849); Anna geb. 1841 und ihr Gatte Herzog v. Mouchy etc. 18. April 1841; Achilles geb. 1847 ist verm. an die Schwester des Fürsten Nicolaus v. Mingrelien, welche geb. 1848 und Vater von Lucian geb. 1870, Louis Napoleon geb. 1872, Antoinette Catharine geb. 15. Aug. 1878. — Louis Napoleon ist verheirathet mit Eudoxia, Wittwe Alexanders Orbeliani, Tochter Michaels v. Somow seit 11. Nov. 1873, welche geb. 1851 und ist Vater Eugens geb. 10. Jan. 1875 und Oscars geb. 18. Jan. 1876 † 24. Dec. 1884.

Hieronymus geb. 1784 war König v. Westphalen seit 7. Juli 1807 und wurde zum Fürsten v. Montfort 1. Aug. 1816 erhoben, seine erste Frau Elisabeth Patterson verm. 24. Dec. 1803 † 4. April 1879, seine zweite 29. Nov. 1835 u. in dritter Ehe verm. en Giustina, Tochter des Marquis Bartolini Baldelli seit 19. Jan. 1853 und von den Kindern ist Hieronymus geb. 7. Juli 1805 (sic) † 1. Juni 1870 verm. an die Tochter Benjamin Williams v. Roxbury geb. 7. April 1812 † 15. Sept. 1881. (Von seinen Söhnen heirathete Hieronymus 7. Sept. 1871 Caroline Appleton, Wittwe Newbold Edgars, Grossnichte von Daniel Webster, welche geb. 4. Oct. 1841, er ist Vater von Louise Eugenie geb. 7. Feb. 1873 und Hieronymus Napoleon geb. 26. Feb. 1878; ein zweiter Carl Joseph geb. 9. Juni 1851 ist Rechtsanwalt zu Baltimore u. heirathete 1. Sept. 1875 Ellen Channing Tochter von Thomas Day, welche geb. 25. Sept. 1852.) Mathilde geb. 1820 verm. in erster Ehe 21. Oct. 1840, doch separ. seit 1845 u. wieder verm. an den Maler Pasquelin seit Dec. 1873. Napoleon geb. 1822 Vater von (Napoleon) Victor geb. 1862, (Napoleon) Ludwig geb. 1864, (Maria) Lätitia geb. 1866 ist Gattin von Amadeus v. Aosta, Prinzen v. Italien, Wittwers Marianna dal Pozzo etc., welcher geb. 30. Mai 1845 und vermählt 11. Sept. 1888.

HESSEN.

TAFEL LXIV.

Rainer I. Gattin Alberad ist angebl. Erbin v. Hennegau, sein Bruder Riedwin wird nach 15. Nov. 915 Bischof. — Giselbert stirbt Herbst 939 und seine Wittwe wohl nicht lange nach der Mutter, schon 969; Balderich wurde nach Nov. 914 Bischof u. sein Neffe Ansfried ist wohl derselbe, welcher durch den Kaiser Schenkungen zu d. Maas 25. Juni 965 erhält, ist aber nicht identisch mit dem Bischof. Giselberts Tochter Wiltrud † als Aebt. des heil. Kreuzklost. zu Bergen in der Diöcese Eichstädt, Berthold I., ihr Gatte 981 (vergl. Heider, Gesch. Genealog. Bd. I); Heinrich, der Wiltrud Bruder † Anfang 944; ihre Schwester Alberade verm. wohl 944 an Rainald od. Reginald v. Rheims, welcher Juni 967 starb u. von der Alberade Kindern † Bruno 996 u. heirathete Ermtrud Alberich II. v. Macon vor 14. Jan. 971, in zweiter Ehe (Otto Wilhelm I. erst nach Jan. 982. Albert I. v. Namur Nachkommen erlöschen im Mannesstamme mit Heinrich dem Blinden 1196.

Rainer III. wird verbannt Juni 958 u. † 973 und sein Sohn Rainer IV. wird wohl vor Juli 977 restituirt, dessen Sohn Rainer V. lebt noch 1033 angeblich sogar noch 1036 aber ist wohl 1030 gestorben, Rainer V. angeblicher Bruder Reginald ist seit 1025 Bischof u. † 5. Dec. 1036. — Rainer V. hat auch einen Sohn Hermann, welcher ers. 1050 mit dem Vater verbannt; Richild heirathete Balduin VI. gegen 1051, welcher 1030 geboren war. Richilds Tochter † im Alter von 60 Jahren als Nonne und deren Bruder (nicht Hermann sondern Roger III. wird 1066 Bischof.

Lambert I. v. Löwen Tochter Mathilde war an Eustach I. v. Boulogne verheirathet und ihr Sohn Lambert v. Lens † 1054 aber nicht sein Onkel Lambert, denn dieser erscheint urk. noch 24. Sept. 1062, vergl. Ram „Recherches sur l'hist. ctr. de Louvain.“ — Lambert II. war vermählt zu 1016, deren Gedächtnisstag 21. Oct. war; sein Sohn Rainer erscheint urk. 1075; die Tochter Adelheid heirathete Dedo 1059 und † Heinrich II. 1078, war nach Ram „Recherches sur l'hist. etc. de L. pag. 45 ff.“ zwar an Adelheid vermählt, welche urk. 1086, angebl. noch 1096 erscheint, jedoch nimmermehr die Tochter Otto's v. Orlamünde ist.

Heinrich III. v. Löwen † 1095 wird 1096 begraben, seine Wittwe Gertrud † 1117, als Bruder Rainer † 1077; der Bruder Gottfried I. wird zwar vor 13. Juni 1128 entsetzt, hört aber nie auf, sich Herzog v. L. zu nennen u. wird etc.; der Schwager Balduin II. † schon 1098 nach Einnahme von Antiochien.

Gottfried II. erscheint mit dem Bruder Heinrich urk. schon 1110 u. † zw. 12. Nov. und 31. Dec. 1142 und lebte seine Wittwe Luitgard noch 1163, die Schwester Gottfried II. Ida war (vergl. van der Schueren „Clevische Chronik“) verm. an Arnold II.; Gottfrieds Töchter Adelheid u. Agnes sind sehr zweifelhaft, der ersteren Ehe kennen polnische Schriftsteller gar nicht u. Agnes Gattin Heinrichs v. Geldern ist „nach vita Ludovici de Arnstein, im Urkundenbuch von Geire durch Bindl I. 342“ die siebente Schwester des Grafen Ludwig. — Gertrud, Tochter Alberts v. Dachsburg, heirathet Theobald v. Navarra gegen Juni 1220 und in dritter Ehe Simon v. Leiningen, Grafen v. Saarbrück.

In den Anmerk.: Balderich, angeblicher Graf v. Cleve, war Bischof zu Utrecht. — Balderich (wohl v. Namur) wurde am Gstern 955 geweiht u. † 29. Juli 959 u. wäre (vergl. Gerdes „Bischofswahlen unter Otto dem Grossen“) ein Neffe Rainers und Rendvolls (Rudolphs) gewesen.

TAFEL LXV.

Adalbero wurde 1198 Cardinal und lag sein Bruder Wilhelm v. Perweys u. Ruysbroeck im Oct. 1219 auf dem Todtenbett; von dessen Söhnen erscheint Gottfried urk. 13. Aug. 1230 bis Feb. 1250 u. † 1257, welcher wie sein Bruder Engueranad an Töchter Walthers Berthouts genannt Gerhard III. vermählt, während Gobert als Burggraf v. Antwerpen 17. Oct. 1232 u. 29. Oct. 1252 erscheint. Gottfried II. kann erst nach 27. Mai 1226, wo er vom Papste Disp. erhielt, Felicitas v. Hochstaden u. Traynel geheirathet haben u. † sein Sohn Heinrich wohl vor 17. Feb. 1271 u. erscheint Aleydis v. Hochstaden urk. 10. Dec. 1265 u. 25. April 1269 u. 22. Feb. 1285 als Gattin des Ritter Walther Vockhaert. — Die Schwester Gottfried II. Maria starb z. Nonrel. v. Marienthal 1285, heirathete wohl vor 28. März 1260 und war Wittwe seit 23. April 1273.

Heinrich II. erscheint urk. 1207 u. seine erste Gattin bereits 22. Aug. 1215; von seinen Töchtern lebte Maria noch 9. März 1260, deren erster Gatte ist wohl etwa Ende 1177 geboren und erscheint der zweite schon Feb. 1221 Al. nov.; Margarethe war 10. Constr. v. 1205 vermählt; der Alix zweiter Gatte Wilhelm XI. v. Clermont u. Auvergne verm. vor 2. Feb. 1225 Al. nov. † wohl vor 25. Sept. 1266 und der dritte Arnulph verm. vor 21. April 1251; Gottfried v. Löwen, Brennrigaise etc. ist geb. 1209 und seine Gattin erscheint urk. erst 7. Aug. 1242, nennt sich als Wittwe dame de Gaesbeek und lebt noch 24. Aug. 1282 und von ihren Söhnen lebt Heinrich noch März 1285, Arnold noch Nov. 1276 und dessen Frau Elisabeth noch 16. Dec. 1290 u. war deren Tochter Alix oder Aleidis schon 17. März 1285 verheirathet u. machte 21. Nov. 1284 ihr Testament. — Johann Tristan v. Gaesbeek u. Herisraal heirathete Felicitas 4. Oct. 1270 und war deren Todestag G. Nonrel. v. Marienthal 9. Nov. und von deren Söhnen lebte Heinrich noch 2. Feb. 1285 und † Johann II. Grabschrift (vergl. Henkel „Analect. sacra etc.“ 23. Aug. 1284.

Von Heinrich III. Schwestern heirathete Mathilde (Cubito II. Disp. v. 16. Jan. u. vor Dec. 1248); starb Beatrix Frau v. Courtray wohl im Nov. 1288, kommt Maria 1255 ins Kloster Herzogenthal und † als Aebt. 14. März 1272, Elisabeth wohl v. Oct. 1261. — Heinrich IV. war Mönch zu Dijon und sein Bruder Johann I. erwarb Limburg vor 29. Mai 1283. — Johann II. (die Klammer im Text ist überflüssig!) ist 27. Sept. 1275 geb.; die Schwester Margarethe † St. Memorienstiftung 14. Dec. 1311 u. war ihr Gatte, Kaiser Heinrich wohl etwa 1274 geboren; die Schwiegertochter Johann II. starb 24. Oct. 1336.

Gottfried v. Arschot heirathete 1290 u. wurde vor 23. April 1298 Wittwer und von seinen Kindern war Johann Seniane v. Rotberge u. heirathete Marie v. Mortagne; war Marie Erbin v. Arschot; Elisabeth Erbin v. Richem u. lebte noch 1300; Alix Erbin v. Meulières u. Arschot, heirathete Johann III. 1302 u. † vor 1329; Bisnaus Ehe mit Berthold v. Mechelin kennt La Roque „hist. généalog. de Harcourt“ gar nicht, nur die Ehe mit Johann v. Thouars; Margarethe u. Johanna erscheinen als Nonnen zu L. auch nach 1316.

TAFEL LXVI.

Johanna ist wohl vor 27. Nov. 1334 in erster, März 1336 in zweiter Ehe vermählt; Johann geb. 1327 verlobte sich erstmals an Marie v. Frankreich, welche Sept. 1323 starb und nochmals an Elisabeth v. Holland etc. S. Contr. v. 29. Aug. 1324; Gottfried lebte noch 3. Feb. 1330 u. heirathete Sena S. Contr. v. 1320. — In der Anmerk. 2 muss es am Schluss heissen: Hersfeldensis „Hildeb. des beiden."

Sophie, Tochter Heinrich I. v. Hessen lebte noch 12. Aug. 1331, heirathete zwar 1316, doch wurde die Ehe erst 1321 vollzogen; Elisabeth geb. 1269 od. 70 † 1293; Elisabeth geb. 1275 † vielleicht 7. März 1301; Agnes ist kaum vor 1316 geboren; Catharine heirathet Otto V. den Reichen v. Orlamünde, welcher geb. 1271; Margaretha Gattin Albert III. † als Gem. Euphemia Tochter v. Mainz 1327; Otto I. Wittwe † 1. Mai vor 19. Dec. 1329; Johann v. Niederhessen ist 1276 und der Bischof Ludwig 1277 geboren, auch erscheint Elisabeth, Johanns Tochter urk. noch 2. Oct. 1311.

Heinrich II. d. Eiserne wird urkundl. schon 23. Sept. 1328 Eidam des Markgrafen genannt und starb seine Gattin 1341; sein Schwiegersohn Casimir v. Polen steht noch (vergl. Roman. und. arr. Italiens, ein grof. Folge Wandr. [illegible] 11) 11. Nov. 1370 eine Urkde. aus, ist also nicht schon 5. Nov. a. c. gestorben; sein Bruder Otto ist zum Erzbischof 2. März 1327 gewählt worden.

Otto, Sohn Ludwigs v. Grebenstein, ist vermuthlich 1324 geboren und starb vor 2. Dec. 1357 als Canonicus zu Magdeburg; seine Nichte Margarethe Hermanns des Gelehrten Tochter heirathet 30. Jan. 1409. — Hermann, Sohn Ludwig I. ist 21. März 1473 Administrator geworden und † Hermanns Bruder Friedrich vor 2. Juni 1463; die Schwester Elisabeth heirathet Frühjahr 1463. — Elisabeth, Heinrich III. Tochter ist um Pfingsten 1466, der Schwiegersohn Johann II. v. Cleve Donnerstag 13. April 1458 geboren. — Von Ludwig II. Töchtern ist Anna † vor 7. Juli 1459 und Elisabeth lebt noch 17. Mai 1489; Wilhelm II. zweite Frau ist „des crone" 1485 geboren und † Freitag 5. Mai 1525 und ihr Schwiegersohn Ludwig II. etc. war 14. Sept. 1503 geboren.

Als Anmerk.: Nach Bühring „Beitr. z. Gesch. v. Marburg, vergl. Zeitschr. d. Ver. f. hess. Gesch. N. F. Bd. VI, p. 30" wäre Ludwig III. erst im Nov. 1438 geboren und hätte seine Mutter darauf Sonntag oder Montag nach Weihnachten ihren ersten Kirchgang gehalten.

TAFEL LXVII.

Philipp der Grossmüthige heirathet Marie v. d. Saale laut Copulations-Instrument v. 4. März 1540 (vergl. Rommel „Philipp d. Grossm. II, 411") und von den Kindern derselben † Philipp bei Montcontour 3. Oct. 1569, Hermann 1570, Christoph (Ernst) 1603, Margarethe 13. Juli 1608, deren Gatte v. Eberstein Naugard in Hinterpommern geb. 30. April angebl. 1548, am 6. Oct. 1613, Philipp Conrad etwa 1510 bald nach dem Bruder.

Philipp II. heirathet 11. Jan. 1569, der Schwager Georg v. Württemberg † 17. Juli 1558 und Georg I. v. Hessen heirathet in zweiter Ehe die Wittwe Joachim (Ernsts) v. Anhalt. — Anna Marie geb. 1567 heirathet Sonntag 8. Juni st. vet. 1589; Moritz d. Gelehrte in zweiter Ehe 22. Mai 1603 u. findet man über Wilhelm v. Cornberg geb. 1553 † 30. Aug. 1615 und seine Familie Nachrichten im geneal. Taschenb. f. Ritter- u. Adelsgeschlechter v. 1879. — Hermann v. Rotenburg heirathet in erster Ehe (Sophie Juliane; Friedrich ist verm. an Eleonore (Catharine) und ihre Tochter Christine ist 1648 geboren; Ernst zu Rheinfels ist E. I. — Wilhelm V. Schwiegersohn Carl Ludwig ist geb. 22. Dec. st. vet. 1617, welcher sich von der Gattin separirt 14. April 1657 und den sogenannten Kaiserausgleichsurtel 1662 schliesst. — Beide Anmerkungen werden überflüssig.

TAFEL LXVIII.

Carl † $^{11}/_{23}$ März 1730, seine Gattin ist Marie (Amalie), des Bruders Gattin ist (Catharine) Amalie. — Friedrich I. zweite Frau ist Ulrike (Eleonore); (Sophie) Charlotte geb. 1678 ist an Friedrich Wilhelm v. Mecklenburg, (Marie) Louise an Johann Wilhelm Friso vermählt; eine Schwester todt 5. Juli 1690, Eleonore (Antonie Friederike) 1694 geboren. — Friedrich II. trennt sich von der ersten Gattin 14. Feb. 1755 u. beisst die Schwester Marie Amalie. — Maximiliane (geb. 1690) Töchter sind Friederike, verm. an (Friedrich) August v. Holstein etc., (Christine) Charlotte geb. 1725 und Caroline verm. p p 5. [illegible] 17. Nov. 1753.

Wilhelm I. Gattin ist Caroline v. Dänemark. — Wilhelm II. dritte Frau verm. sich wieder an (Carl) Adolph v. Hohenthal 29. Oct. 1851, welcher geb. 28. Nov. 1811 u. † 9. Oct. 1875 und seine Wittwe 21. Feb. 1877. Friedrich Wilhelm I. † 6. Jan. 1875 war verm. seit 30. Sept. 1831 und stirbt die Wittwe 2. Juli 1882, Marie geb. 1804 † 1. Jan. 1888, deren Gatte Bernhard II. bereits 3. Dec. 1882.

Friedrich (geb. 1711) heirathete die geschl. Hem. des Baron Andreas Ernst Christian Lilienkron und starb die Aebt. v. Itzehoe 11. März 1808. — Friedrich geb. 1780 † 23. Oct. 1816, Georg geb. 1783 am 4. März 1861, Louise geb. 1784 am 16. März 1801, Marie geb. 1786 am 30. Dec. 1880, Auguste geb. 1797 am 6. April 1889.

Friedrich (Wilhelm) geb. 1820 † 14. Oct. 1884, seine Schwester Auguste geb. 1823, Mittwoch 17. Juli 1872, deren Gatte v. Blixen etc. schon 8. Jan. 1873; Friedrich (Wilhelm) geb. 1854 am 14. Oct. 1888, dessen Schwester Elisabeth geb. 1861 heirathete Leopold v. Anhalt 26. Mai 1884, welcher geb. 18. Juli 1855 u. † 2. Feb. 1886. Als Kinder Friedrich (Wilhelms) sind hinzuzufügen: Marie Polyxene geb. 29. April 1872 † 16. Aug. 1882, Sibille (Margarethe) geb. 3. Juni 1877.

TAFEL LXIX.

Wilhelmine (Hedwig) † 1869; Carl I. war vermählt an (Caroline) Christine, der Schwiegersohn ist (Anton) Ulrich v. Sachsen-Meiningen; die Nichte Amalie (Sophie) geb. 1710 † 1778. — Carls (geb. 1757) Wittwe heirathete Frenz (Carl Eduard) v. Wimpffen; die Tochter Caroline Ernst I. (Constantin) v. Hessen-Philippsthal; die Schwester Juliane Philipp Ernst v. Schaumburg-Lippe. Ludwigs (geb. 1740) Gattin † 8. März 1808, deren Tochter Marie (geb. 1782) 4. Aug. 1872 und war wieder verm. an den Pferdehändler Angelini zu Rom, der Marie Bruder ist (Ferdinand) Wilhelm geb. 1790 † 1793. — Ernst I. (Constantin) Sohn ist (Georg) Gustav geb. 1803 † 1881, Carl II. Wittwe Marie v. Württemberg † 30. April 1888 und ist deren Sohn Ernst II. geb. 1846.

Wilhelms v. Barchfeld Tochter ist (Caroline Christine) Antoinette (Amalie) und seine Schwiegersöhne sind Johann Carl Ludwig v. Löwenstein und Albert August v. Isenburg etc., Wittwer Sophie Dorotheens v. Berlhorum zu Almelo. — Carl geb. 1784 † 17. Juli 1854 und seine Wittwe Sophie 5. Mai 1873 und deren Tochter Bertha 20. Mai 1888. — Wilhelms (geb. 1831) erste Gattin Marie v. Hanau wird 18. März 1872 geschieden und erhält mit ihren Kindern den Titel Prinzessinnen und Prinzen v. Ardeck 28. Juli 1876 (von diesen Kindern ist Friedrich (Wilhelm) geb. 1858; Elisabeth geb. 1864, vermählt seit 12. Sept. 1886 an Ferdinand v. Isenburg-Philippseich, welcher geb. 15. Oct. 1841; Alice (Marie) geb. 1867 † 12. Nov. 1888; (Caroline) Louise genannt Lieregeb. 1866, verm. seit 2. Nov. 1889 an Rudolph v. d. Lippe-Biesterfeld, welcher geb. 27. April 1856). Wilhelm (geb. 1831) heirathet in zweiter Ehe Juliane, die Tochter Ludwigs v. Bentheim-Steinfurt 16. Aug. 1873, welche geb. 3. Jan. 1842 und † 29. April 1878, in dritter Ehe Adelheid v. Bentheim-Bentheim, Julianens Schwester, 23. Aug. 1879, welche geb. 17. Mai 1840 und † 31. Jan. 1880, in vierter Ehe Auguste, Tochter Friedrichs v. Holstein-Sonderburg-Glücksburg 6. Dec. 1884, welche geb. 21. Febr. 1844. Wilhelms Kinder aus den drei letzten Ehen sind Bertha geb. 25. Oct. 1874, Chlodwig geb. 30. Juli 1876, Julian geb. 21. April † 1. Sept. 1878, Eduard geb. 21. April 1878 † 5. Jan. 1879, Christian geb. 18. Juni 1887.

TAFEL LXX.

Ernst I. (in der Ueberschr.) † 1693, seines Sohnes Carl zu Wanfried zweite Gattin war 21. Aug. 1656 geboren und von seinen Kindern † Charlotte Amalie 1723 (vergl. Arch. f. ältere Geschichtsquellen 42, 330); heirathet Sophie Leopoldine 13. Juni 1700 den Wittwer Sophie Marie Anna's v. Hohenlohe-Waldenburg zu Schillingsfürst; Maria Anna (Johanna) † 1744; Eleonore Bernhardinens Gattin ist 26. Sept. 1668 geboren; Wilhelms Wittwe † 14. April 1775 als Priorin zu Neuburg. — Carl Ernst ist geb. 6. Oct. 1689.

Wilhelms v. Rotenburg Tochter Elisabeth ist 14. Feb. st. vet. 1677 geboren, der Schwiegersohn ist (Franz) Alexander, die Tochter Ernestine (Louise) † 1722, der Sohn ist Ernst II. (Leopold) und von dessen Töchtern ist Polyxene p p. 23. Juli und pers. 30. Aug. 1703 vermählt, und die Schwiegersöhne sind Ludwig (Heinrich) v. Condé und Ludwig (Victor) v. Savoien-Carignan. — Joseph geb. 1705 war vermählt an Christine (Anna), Tochter des Fürsten Ludwig Otto v. Salm aus dem Stamme d. Wild- u. Rheingrafen, und sein Schwiegersohn Carl v. Rohan-Soubise war in zweiter Ehe an (Anna) Therese v. Savoien-Carignan vermählt gewesen.

(Carl) Emanuel war an die Tochter Franz (Josephs) v. Liechtenstein vermählt, der Schwager war Jacob Leopold de la Tour d'Auvergne zu Bouillon, der Bruder Christian † 1778 als Domherr zu Cöln und Regensburg. — Victor (Amadeus) war in zweiter Ehe an Elisabeth v. Hohenlohe-Langenburg vermählt, welche geb. 22. Nov. 1790; seine Schwester Clotilde heirathete 9. Sept. 1831 und starb 6. Jan. 1869.

TAFEL LXXI.

Philipps zu Butzbach zweite Frau ist 1600 geboren; Friedrich I. erhält Homburg 16. März 1622. — Georg II. war verheirathet mit Sophie (Eleonore) v. Sachsen; der Schwager war Pfalzgraf zu Hilpoltstein; Friedrich geb. 1616 wurde Cardinal durch Papst Innocenz X. 19. Feb. 1652 und war Grossprior der Malteser schon seit Dec. 1647.

Georg III. zweite Gattin war 21. Aug. 1651 geboren, und von seinen Schwestern ist Sophie (Eleonore) geb. 1634; (Elisabeth Amalie) Magdalene geb. 1635, verm. an (Philipp) Wilhelm v. Pfalz zu Neuburg, welcher geb. 27. Nov. 1615; Henriette (Dorothee) geb. 1641.

Ernst (Ludwig) ist in zweiter Ehe verm. an Louise (Sophie) Gräfin v. Darmstadt, Tochter Hermann Wilhelms v. Spiegel zum Diesenberg, Wittwe Franz Christians von und zu Freyen-Seibolsdorff, seit 30. Jan. 1727, welche 12. Jan. 1751 starb. — Sophie (Louise) ist 1670 geboren; Philipps erste Gattin ist Marie (Therese) v. Croy u. Havré; Friedrich ist an Petronella vermählt seit 1708, Marie Friederike, die Tochter, ist geb. 22. Aug. 1765, vermählt an Carl Anton v. Ginzkel zu Hultschin und Dobroslaw, Wittwer von Prinzess v. Corgthis.

TAFEL LXXII.

Ernst (Ludwig) so muss es in der Ueberschrift heissen; sein Schwiegersohn war Johann Friedrich v. Hohenlohe-Neuenstein zu Oehringen, und Ludwig VIII. Kinder sind (Louise) Auguste (Magdalene) geb. 1725 und (Johann) Friedrich (Carl) geb. 1726.

Georg Wilhelms Tochter, die Königin v. Baiern, ist Wilhelmine, deren Bruder Friedrich (Georg August) verheirathet seit 2. Sept. 1788 mit Friederike Sotlo, welche geb. 24. Juni 1769 und † 20. Juni 1818, der Sohn aus dieser Verbindung ist 2. Nov. 1800 geboren, wird 14. März 1827 zum Freiherrn erhoben und † 27. Jan. 1878. — Ludwig IX. hatte aus seiner Ehe einen Prinzen todt geboren 15. Mai 1742.

Ludwig II. Bruder Georg war verheirathet mit Caroline Moralen, welche Gräfin seit 1. Mai 1808, Fürstin von Nidda seit 14. Juni 1821, jedoch seit 1. Sept. 1821 separirt lebte, die Tochter Louise v. Nidda war 21. Nov. 1808 geboren und † 13. März 1833 und war vermählt an Lora, Marchese Bourbon del Monte Santa Maria.

Ludwig III. † 13. Juni 1877 und war in zweiter Ehe vermählt seit 20. Juni 1868 an Anna Magdalena Appel, Freiin v. Hochstädten, welche geb. 8. März 1846; Carl geb. 1809 † 20. März 1877 und seine Wittwe 21. März 1883; eine Schwester würde noch sein, allein sie ist todt geb. 8. Juli 1827; Alexander † 15. Dec. 1888, Marie Alexandrowna † $\frac{22. \text{Mai}}{3. \text{Juni}}$ 1880 und deren Gatte $^{1}/_{13}$ März 1881 — des Prinzen Alexander (geb. 1823 † 1888) Gattin war zuvor Gräfin seit 5. Nov. 1851.

Ludwig IV. verliert seine Gattin Alice 14. Dec. 1878 und von seinen Kindern ist Victoria vermählt an Ludwig v. Battenberg, welcher geb. 24. Mai 1854, seit 30. April 1884; Elisabeth vermählt mit Sergius v. Russland seit $^{3}/_{15}$ Juni 1884, welcher geb. $\frac{29. \text{April}}{11. \text{Mai}}$ 1857; Irene vermählt an Heinrich v. Preussen seit 24. Mai 1888, welcher geb. 14. Aug. 1862, und hinzuzufügen wären: Friedrich (Wilhelm) geboren 7. Oct. 1870 † 29. Mai 1873, Alice geboren 6. Juni 1872, Marie geboren 24. Mai 1874 † 16. Nov. 1878.

Heinrich geboren 1838, war vermählt an Caroline, Tochter Ludwig Euler v. Willich genannt v. Pöllnitz, und Frau v. Nidda, welche geb. 5. Nov. 1848, vermählt 28. Febr. 1878 † 6. Jan. 1879. — Anna's (geb. 1843) Wittwer Grossherzog Friedrich Franz II. † 15. April 1883 als Heimahl

Marianne v. Schwarzburg etc. — Wilhelm geb. 1843 ist verheirathet mit Josephine Bender, Freifrau v. Lichtenfels. [illegible]

TAFEL LXXIII.

Wilhelm Christophs erste Gattin ist Sophie (Eleonore) v. Hessen-Darmstadt, Friedrich II. zweite Gemahlin ist Louise (Elisabeth) v. Curland verm. 23. Oct. 1670, die dritte Sophie (Sibille), Wittwe Johann Ludwigs v. Leiningen-Dachsburg zu Heidesheim [illegible]. — Wilhelm Christophs Schwiegersohn ist Wilhelm Moritz v. Solms [illegible], war 4. April 1651 geboren und die Tochter Friedrich II. Wilhelmine [illegible]

[illegible]

ITALIEN.

TAFEL LXXIV.

Nach Gisi (vergl. Anzeiger für Schweiz. Gesch. N. F. Jahrg. 16 v. 1885) ist der Ursprung des Hauses Savoien:

Humbert

urk. 976 und wenigstens noch 992, dessen Sohn ist wahrscheinlich

Humbert v. Belley, welcher urkundl. [illegible] bis [illegible] vorkommt, verm. an Ancilia, wohl einer Schwester Erzbischof Burchard II. v. Lyon († 10. Juni 1031), eines natürl. Sohnes Kg. Conrads v. Burgund († 993) und der Aldiud aus transjuran. Burgund, welche noch vor [illegible] Anselm heirathete, welcher im Aostathale begütert war, bereits [illegible] urk. vorkommt und nach [illegible] stirbt.

Herzog Rudolph, Halbbruder Kg. Conrads v. Burgund [illegible] [illegible]

Ayme † jung. — Otto genannt als Bischof v. Belley urk. 4. April [illegible]. — Amadeus [illegible] Adelheid, welche urk. [illegible] Oct. [illegible] erscheint. — Burchard erscheint seit 1022 als Propst v. St. Maurice, [illegible] April [illegible] bis [illegible] März [illegible] als Bischof v. Aosta, wird [illegible] Erzb. v. Lyon, gefangen [illegible], wieder frei [illegible], † als Abt zu St. Maurice [illegible] Juni [illegible]. [illegible]

Humbert † jung. — Ayme erscheint 1037–1044 als Bischof v. Belley. — (Gottfried, Anselm u. Otto.)

Ayme erscheint urk. [illegible] u. [illegible].

[illegible]

Berthold Graf v. [illegible] (Savoien) urk. [illegible].

Rudolph I. v. Rheinfelden [illegible]

Humbert Weisshand v. Aosta, Savoien u. Maurienne, auch Erbe der [illegible] v. Belley, lebt noch [illegible] [illegible]

[illegible]

TAFEL LXXV.

[illegible]

TAFEL LXXVI.

[illegible]

[illegible]

TAFEL LXXVII.

[illegible]

TAFEL LXXVIII.

[illegible]

TAFEL LXXIX.

[illegible]

LIECHTENSTEIN.

TAFEL LXXX.

[illegible]

TAFEL LXXXI.

[illegible]

[illegible]

TAFEL LXXXII.

[illegible]

TAFEL LXXXIII.

[illegible]

LIPPE.

TAFEL LXXXIV.

Das fürstliche Geschlecht Lippe von einem Bruder d. Aebt. Hildegunde abzuleiten, wie Seibertz „Landes- u. Rechtsgesch. Westf. I² 367" annahm, verwirft Schaffer-Boichorst (Zeitschr. f. Westf. [illegible] 115) und will das Verwandtschaftsverhältniss des „nepos" als Vogt v. Geseke anders gedeutet haben. — Bernhard I. erscheint mit seinem Bruder, wenn auch ohne Geschlechtsnamen, wohl schon im Juni 1118, auch scheint Hermann I. an eine Tante Widekinds v. Rheda, Schwester Eberwins (vergl. Waldeck) v. Freckenhorst vermählt gewesen zu sein, sein Sohn Bernhard II. muss vor Ableben des älteren Bruders Geistlicher, etwa Canonicus zu Hildesheim gewesen sein, wurde Cistercienser zu Marienfeld bald nach 1197, Abt zu Dünamünde nach Aug. 1211, Bischof zu Selonien (einem 1226 aufgehob. Bisthum) und war seine Gattin eine Tochter Ulrichs v. (Altenahr oder Nurburg, Schwester Gerhards v. Are. Von Bernhard II. Kindern scheint Cunigunde vor 9. April 1225 (wo eine Jutta als Aebt. erscheint) gest. zu sein, Heilwig muss wohl Gottfried II. Gattin gewesen sein, welcher 1196 bis 1245 erscheint; Beatrix wurde 1225 Wittwe; Hermann II. Wittwe † vor 1243 (wie es auch bei ihren Schwägerinnen belassen muss); Bernhard wurde zw. 19. u. 24. Juni 1228 Bischof.

Hermann II. Sohn Otto wurde vor 3. Oct. 1247 Bischof; Simon vor 14. Mai 1247 Bischof; Bernhard III. ist vielleicht schon 1248 in zweiter Ehe lebend; Otto † 17. Sept. 1262 und ihr Gatte 14. Mai nach 1275 und lebte seit 1264 im Gedanshause zu Münster und der Sohn Conrad wurde wohl Ende 1260 Bischof u. † 16. April 1297. — Bernhard IV. starb zw. 3. Mai und 29. Juni 1275, sein Bruder Gerhard erscheint als [illegible] 1250 bis 13. März 1259; Simon I. soll der Gattin schon im Aug. 1262, in derselben Urkde. aber auch Simon I. Schwester Lyse und G. Schmidt „Genealogie der Grafen v. Regenstein etc. p. 15" nennt Albert I. v. R. als Bernhard IV. v. d. Lippe Schwiegersohn u. vor 1271 vermählt, welcher vor 14. April 1287 starb, nennt Sophie als Gattin, welche 21. Oct. 1292 als „dicta de Dornberg" erscheint u. zw. 14. Mai 1299 u. 9. Jan. 1290 starb.

TAFEL LXXXV.

Bernhard wurde vor 9. Nov. 1321 Bischof zu Paderborn; Dietrich erscheint schon 26. Dec. 1291 urkundl.; Hedwig v. Schaumburg urk. noch 5. März 1320 und eine Schwester Agnes urk. nur 2. Juli 1295. Simon III. Gattin war eine Tochter Johann II. etc.; Bernhard V. mit Gattin und drei Töchtern schon 22. Jan. 1354; sein Schwiegersohn Otto † 1366 u. seine Tochter heirathet Heinrich d. Eisernen wohl nicht lange vor 1. Dec. 1362. — Simon IV. Schwester Ermgard soll noch 1457 gelebt haben und ihr Gatte gehörte zur holländ. Familie Büren. — Bernhard VII. Tochter Elisabeth lebte noch 1527 u. war in zweiter Ehe an Rudolph II. v. Diepholz vermählt gewesen; der Elisabeth Schwester Ermgard verlobte sich 2. Jan. 1482.

Zur Vervollständ. v. Anmerk. 1. Eine Urkde. Heinrichs v. Solms, genannt v. Westerburg, v. 13. April 1319 (vergl. Baur „hess. Urkde. I, 824") gedenkt seiner Mutter „dicta von d. Lippe".

Zur Anmerk. 2. Der Domherr Otto lebte (vergl. v. Zedlitz-Neukirch „Neues preuss. Adelslex.") am Ausgange des 15. Jahrh. und seine Gattin „zur linken Hand" wäre Margar. v. Haaren gewesen.

TAFEL LXXXVI.

Anna, Gattin Johann I. v. Waldeck etc., ist um 1469, Hermann Simon Ende 1532 geboren, welcher seine Gattin lt. Ehevertr. v. 18. Mai 1566 heirathete; Agnes starb 1610 gegen 75 Jahre alt, sie heirathete den ersten Gatten 14. Dec. 1567, welcher 1530 geboren wurde, der zweite Gatte war Alexander v. Schlick von Bassano u. Weisskirchen, bereits Wittwer von Agnes v. Schlick u. Anna v. Erb, welcher im Dec. 1569 vom Schlag gerührt wurde und bald starb.

Anna geb. 1551 stirbt Mai 1614; ihr Gatte schon 15. März 1592; ihr Schwager war Ludwig v. Leiningen-Westerburg zu Leiningen, welcher 21. Aug. 1622 starb. Simon VI. erste Gattin war Tochter Johann II. v. Rietberg und von seinen Kindern ist Otto geb. 21. Sept. 1589, Elisabeth geb. 9. Juli 1592; Catharina geb. 27. März 1594; Ursula heirathet 22. Aug. 1617 und ihr Gatte ist geb. 12. Aug. 1590 u. starb Ursula 17/27 Juli 1638.

Dorothea v. Bruchs heirathet 1664 u. war ihr Gatte 22. Feb. 1624 geboren; Wilhelms v. Bruchs Gattin heisst nur Margarethe etc. und ihre Tochter Johanna Marie Bernhardine geb. 11. Jan. 1675 † 1747, war seit 1706 Gattin Johann Roberts Nagel v. Holstein, welcher noch 11. Feb. 1747 lebte.

Maria Elisabeth v. Detmold geb. 1611 † 12. Dec. 1667, heirathete Christian Friedrich etc. 24. Oct. 1649; ihre Schwester Sophie Elisabeth † 7. Mai 1688 u. ihr Gatte Georg Wilhelm v. Leiningen-Westerburg zu Schaumburg 22. Mai 1695 (vergl. Lehmann „Gesch. d. Burgen in bair. Rheinpfalz II. 131").

TAFEL LXXXVII.

Simon Heinrich Adolphs Tochter geb. 1720 ist richtiger (Charlotte) Clementine zu schreiben. — (Ludwig Heinrich) Adolphs erste Frau würde richtiger Anna (Friederike Wilhelmine) etc. genannt sein.

Leopold III. † 8. Dec. 1875, seine Schwester Louise (geb. 1822) 20. März 1887 u. Hermann (geb. 1829) 24. Juni 1884.

TAFEL LXXXVIII.

Juliane Elisabeth geb. 1656 war vermählt mit (Christoph) Christian v. Leiningen-Westerburg zu Altleiningen.

Ludwig (Heinrichs) Sohn Casimir ist 22. Aug. 1791 geboren und 19. Sept. 1846 gestorben; dessen Schwägerin Louise 29. Dec. 1856 u. deren Sohn Ernst ist Stifter des freiherrlichen Geschlechtes Lippe-Falkenflucht.

Johann Carls (geb. 1778 † 1844) Schwiegersohn Heinr. Max v. Röder ist geb. 10. Oct. 1804 u. als preuss. Generallieutenant 6. Nov. 1884 gestorben; Pauline geb. 1809 † 15. Feb. 1888; die Schwägerin Wilhelmine, Tochter Ludwigs v. Vincke † 24. Aug. 1888; Amalie geb. 1814 † 25. Oct. 1879; Carl geb. 1818 † 6. Dec. 1892. — Agnes, geb. 1810 † 27. April 1887, ihr zweiter Gatte Leopold v. Ehrlen auf Dorchheim geb. 23. Mai 1808 † 18. Mai 1870; Julius geb. 1812 † 18. Mai 1888; Mathilde geb. 1815 † 16. Juli 1878; Hermann geb. 1818 † 27. Mai 1817; Leopold geb. 1821 † 26. Dec. 1872.

Emilie geb. 1811 ist verheirathet mit Otto v. Salm-Horstmar aus dem Stamme der Wild- und Rheingrafen; Ernst geb. 1842 ist Vater von Adelheid geb. 22. Juni 1870 (welche 25. April 1889 Friedrich v. Sachsen-Meiningen etc. geheirathet hat, welcher 12. Oct. 1861 geboren); Leopold geb. 30. Mai 1871; Bernhard geb. 26. Aug. 1872; Julius geb. 2. Sept. 1873; Carola geb. 2. Sept. 1873; Mathilde geb. 27. April 1875. — Casimir geb. 1847 † 10. Feb. 1888; Friedrich geb. 1842 ist verm. seit 30. Oct. 1882 mit Marie, Tochter Wilhelms v. Löwenstein-Wertheim-Freudenberg, welche geb. 14. Dec. 1861 und er ist Vater von Adelheid geb. 14. Oct. 1883 und Olga geb. 2. Dec. 1885. — Rudolph geb. 1856 verm. 2. Nov. 1889 an (Caroline Louise genannt Lior v. Ardeck (vergl. Tafel LXIX) geb. 18. Dec. 1860.

TAFEL LXXXIX.

Hermanns (geb. 1763 † 1841) zweite Gattin war 2. Juli 1779 geboren und die dritte verheirathete sich 1841 wieder an den braunschweig. Präsidenten v. Cramm. Von Hermanns Söhnen starb Carl Octavio 13. Feb. 1883, hatte sich 21. Juni 1876 wieder verm. an Leonie, Tochter Antons Miltrowsky v. Miltrowitz, welche geb. 8. Nov. 1846 doch schon 16. Feb. 1877 starb. Von den Kindern ist Helene Klosterfrau vom geweihten Herzen zu Wien; Egmont geb. 1841 und seit 16. April 1879 vermählt an Carola, Tochter Philipps v. Stillfried, welche geb. 22. Mai 1847 und ist Vater von Rüdiger geb. 15. März 1880, Marie geb. 15. März 1880, Alfred geb. 26. Mai 1881; Arnold geb. 1842 ist Weltpriester. — Carl Heinrichs Gattin Georgine ist geb. 18. Mai 1864, der Sohn Constantin † 10. Mai 1885, die Tochter heisst richtiger Octavie (Lucrezia), der jüngste Sohn Eberhard.

Isolde geb. 1861 † 23. Oct. 1880, ihr Bruder Arminius lebt zu Ober-Schönfeld bei Bunzlau und hat dessen Sohn Curt zu Martinswalden Sophie, Tochter Ernsts v. Klengel 10. Oct. 1885 geheirathet und ist Vater von Maria Sophie geb. 25. Dec. 1886.

Ludwigs (geb. 1781 † 1856) Kinder von der Tochter Peter Carl Wilhelms) v. Hohenthal zu Königsbrück sind Adolph geb. 1812 und † 23. Jan. 1888; Leopold zu Sees; Otto zu Küpper; und Sophie Erbin v. Kuchendorf, deren Gatte Dandal v. Oriola zu Klein-Pogul etc. und Langenhof etc. 1. März 1873 starb.

Christiane geb. 1777 † 1830; Wittwe starb 14. Nov. 1876, die Tochter Marie 14. Sept. 1877, deren Gatte Albert v. Lüttow zu Deutsch-Paulsdorf 2. April 1875; Friedrich zu Oelberhütte 26. März 1875; Ida 18. März 1876, deren Gatte 17. Jan. 1882; Franz zu Oelberhütte 28. Juli 1880 (von seinen Kindern ist Margarethe seit 22. Juni 1882 verm. an Graf Carl v. Zedlwitz, welcher geb. 14. Dec. 1849; und hinzuzufügen Ernst geb. 3. Jan. 1870 und Sophie geb. 21. Feb. 1876); Theodors Gattin Louise ist Tochter Friedrich Hennings v. Arnim auf Cremzow etc. und 1844 geboren; Wilhelmine geb. 1837 ist seit 7. Sept. 1880 Wittwe.

Gustav † 17. Jan. 1882 und seine Gattin schon 18. März 1878 (von den Söhnen ist Ferdinand seit 3. Mai 1830 verheirathet mit Margarethe v. Winterfeld aus dem Hause Kerzenow, welche geb. 17. Sept. 1858; Ernst ist 1863 gestorben); Agnes † 24. Jan. 1872 und ihr Gemahl besitzt Reichenwalde; Franziska † 9. März 1886 und ihr Gatte Besitzer von Malitschken 3. April 1884; Hugo (seine Tochter Clementine † 21. Aug. 1883, der Sohn Erich ist seit Nov. 1878 Gatte von Marie Louise Schröder „Freifrau v. Saalberg"); Bertha † 11. Nov. 1887.

TAFEL XC.

Johanna Dorothea heirathete 1664 und wird gesch. 1678 — ihres Mannes Albert Wolfgang erste Frau war eine Tochter Simon Christophs v. Oeynhausen zu Grevenburg und 19. April 1688 geboren.

Auguste v. Alverdissen geb. 1686 heirathet Georg Hermann v. Leiningen-Westerburg zu Altleiningen 24. Feb. 1716 und ihr Bruder Friedrich 27. Sept. 1722 und starb die Wittwe von dessen Sohn Johann (Wilhelm) als Wittwe Johann Bertrams v. Gronsfeld-Diepenbroich zu Limpurg.

Mathilde geb. 1818 verm. an Eugen (Erdmann) v. Württemberg ist seit 8. Jan. 1875, ihre Schwester Adelheid geb. 1821 seit 27. Nov. 1885 Wittwe und Elisabeth geb. 1841 durch Rescript des Königs v. Preussen v. 22. April 1868 geschieden. — Wilhelms (geb. 1834) Tochter Charlotte hat 8. April 1860 Wilhelm v. Württemberg, Wittwer Mariens v. Waldeck geheirathet, welcher geb. 25. Feb. 1848; Franz Joseph † 4. Sept. 1881; der zweite Prinz geb. 1860 heisst Friedrich (Georg), der dritte geb. 1869 (Christian) Albrecht; als Kinder hinzuzufügen sind: Maximilian geb. 13. März 1871, Bathildis geb. 21. Mai 1873, Prinz geb. 26. † 27. Juni 1874, Adelheid geb. 22. Sept. 1875, Alexandra geb. 8. Juni 1879.

Hermine geb. 1845 hat 16. Feb. 1876 Maximilian v. Württemberg geheirathet, welcher geb. 3. Sept. 1828 und gestorben 28. Juli 1888; Ida geb. 1842 ist seit 8. Oct. 1872 Gattin Heinrich XXII. Reuss zu Greiz, welcher geb. 28. März 1846. — Georg geb. 1846 hat Marie (Anna), Tochter von Moritz v. Sachsen-Altenburg 16. April 1882 geheirathet, welche geb. 14. März 1864 und sind aus dieser Ehe: Adolph geb. 23. Feb. 1883, Moritz Georg geb. 11. März 1884, Peter Adolph Wilhelm geb. 6. Jan. † 17. Mai 1886, Ernst Wolrad geb. 19. April 1887.

MECKLENBURG.

TAFEL XCI.

Mietei Billug (oder Narvon vor Uebertritt zum Christenthum vergl. Jahrbr. f. Mecklb. Gesch. 43. [?] möglicherweise ein hoher Nirista, den Erbauer v. Mecklenburg (vergl. holz. Stadien IX. 318) und gestochee zw. 965—9[?] seine Tochter Hodica wird erst durch den Bruder an Italeniev vermählt und Mimslaw oder Mistislav bei der Zerstörer von Hillerodehus 955 und Kalliber „priurope Nicvorum" ist wahrscheinlich Mimislav Sohn und eben 1016 verhoirathet und seine Gmtin wohl sächsischer Abkunft vergl. Bloreh ...Jahrbr. d. dout. Reiche unter Heinr. II. Bd. 1. 91 [?]. Kalliber fiel 1043 und seine 3 Söhne, den Vatern Tod rächen wollend, 20. Sept. 1043. Hinzu e. Aussfrey, welche 1066 als principes pagani od. Nicvorum genannt werden, sind nach Quandt (vergl. holz. Stadien IX. 327) Söhne Godefridus v. Wagrien. — Hatrith „dis Nicvorum do Obortrite" ist möglicherweise Tochter einer jüngeren Bruders von Mietel und vor 264 geboren.

L'do (Pribignew) wird als Fürst der Obotriten 1020 genannt und seine Ekuhelin vermählt an Thrugot bei Mutter der Bathildo, welche Erich III. Eymnud v. Dänemark beirathete, der im 1026 geboren u. 10. Juli 1040 starb. Ihme oder Budo in Sohn Pribislav I. war Fürst v. Wagrien, unietei jedoch nur zu Oldenburg in Wagrien und starb rasch Quandt. vergl. holz. Stadien IX. 726 f. wohl sehen gegen 1143. dem Jahre. In welchem sein Land andere verguben wurde und bei demnach der auch 1138 waltende rapulen P. ein Apinster. Ueber einen angeblichen Sohn Butuov, welcher als Markraf an Mincuzr 3. Nov. 1087 störb, vergl. Jahrbr. etc. Der nachhonige König Heinrich erscheint als Fürst v. Wagrien seiem 1093 und bei Sinwine vielleicht nach im Juni 1108 geboirathet. Ueber sein Todesjahr 1127 vergl. ausser Jahr. ...Geork. d. deut. R. nat. Lodh. J. Sachs. p. 222 f. (Quellensamml.) L. Schleswig-Holsteiu-Lauenb. (Genob. IV. 142). Bernhardi v. Lothar v. Sappelburg p. 230 ", Mineheberg ...Geork. der Stadt Hamburg p. 56 ", während gerade das Meckling. Urkdb. ein moderne Jahr benug[?].

Nietei, Fürst der Obotriten a. Kamker etc. am 1135 u. wohl nach Anf. Aug. 1160 vor Werle gefallen, soll mit seinem Bruder (nach Quandt, vergl. holz. Stad. IX. 240) als Erbewohl an Werle geseirt haben und vor l'do abstammen. Wendisipv-Wittwe lobie noch 1108 und Priolav [?] zw. 1100 3. Nov. 1176 und hatte sich vergl. Mommafeld in Bd. 10 der Meckbg. Jahrbr.[?] zw L'atharine am 1138 vermählt.

Pribislav II. ost Anfang des Jahres 1167 resitiuirt und verfürt 1172 seine zweite Gmstin, Herterich Dorven I. ist wohl vor 1160 geboren und früheotone 1167 bei der Ausstehmung an Mathilde vermählt, während Adelheid (vergl. ebenmurdaum Mommafeld) oher eine Tochter Obern v. Braudenburg und der Ada sein düste, welche weht noch 20. Juni 1197 am Leben wer; Herterich Borwin II. ist vielleicht 1178 geboren, an Sophie 1194 nur 1207 welches wohl wird 1222 Christine genannt, welche B. l'rhde. v. 20. Mai 1216 Tochter Wilhelm I. v. Schottland war und 1247 starb.

TAFEL XCII.

Johann I. ist spätestens 1211 geboren, seine Gmtin ist vielleicht schon vor 1228, sicher vor 1234 gestorben — Nietei L. + zw. 10. u. 14. Mai, seine Gmtin Jutta verm. wohl Herbst 1234, noch 16. Mai 1277, eine zweite ist soph[?] tischfitt zu sterbleben; Margarethe + nach 1274, ihr Gatte zw. 23 Okt. u. 3. Nov. z. u. Ueber Matilde als merklbg. Prinzessin vergl. pommerz. Urkdb. I. 364, ihr Gatte Samchso II. v. Ostegenesavr zu Lichterhau vermählte sich wohl 1270 [?] Pritislav III. (?, + wohl 1. Aug. 1270 und wurde seine erste Frau, eine Tochter ed. Schwester Richards v. l'riedrork wohl spätestens am 1250 und seine zweite Frau, während o. oher Tochter Martha I. v. Pommern Erbin v. Wolfin, etwa vor 1261; die Tochter Margarethe heudi an den Schwertsur Hof R. l'rh. v. 13. Feb. 1270 und lebte wohl noch 27. Jan. 1298; Pribislav III. erscheint als Fürst der Wenden noch 22. Juni 1314 und war seine Tochter Luitgard nach 3. Juel 1262 am Leben, als Wittwe Wladislavs v. Beuthen und Kosel, welcher als erste Frau Beatrix v. Braudenburg gehabt hatte, vor zweiten Ehe nachbärigeleb 22. Joli 1312 [Segoma erhiell und noch 16. Nov. 1351 am Leben war.

Heinrich Borwin III., v. Hoainch Söhne Heinrich und Erich werden urk. als erwähnt, können ganz jung. Waldemars Sohn Borwin weit vor 27. Nov. 1264 gestorben sein. — Nietein v. Roggork Wittwe Margarethe erhiell 18. Sept. 1294 nachträgl. Disp. zur Ehe mit Johann v. Bistram und seinste miedesatten vor 27. Aug. 1287 gestorben sein, we von Johanns Verheirathung die Rede ist. Nietein Tochter verlobto sich 23.8b. 1317 an l'ricksinn v. Itolmenhovne, weht zwr 14. Jan. 1335 starb und ist mit ihr, sah oben erwähnte Mumnafefel) wirkl. verm. worden. Nietei L. v. Werle Tochter Hedwig störb 8. 16., demnach 3. Sept. 1277, eine erste Tochter soll an Albert v. Mecklenburg verheirathet gewesen seie, welcher 17. Mai 1305 starb. — Heinrich I. v. Werle Tochter Richsa zwie erschter noch 1. Okt. 1332, Nicolaus ihr Bruder starb rasch, wohl 13. Mai 120 u. beraben alle spätere Erschösungen gestorben wohl nur auf Verwechselungen; Heinrich II. erscheint bis gegen 1300 als Fürst v. Penzlin u. war darum Gmstin Mathilde Schwester Bogislav IV. wohl vor 30. Aug. 1306 vermählt u. starb nach 1299 am Leben; ihr beiden Barnim erscheint seit 1317 als Damherr zu Camin, + Mai 1322 als Propst zu 84. Marin in Stettin, urk. 13. Dec. 1350 bis 18. März 1360 als Dampropst zu Camin, man jedoch vor 24. Mai r. a. resiguirt, oher noch 14. Juni 1335 geieht haben und wird als Mouch zu Colbatz gestorben sein; Barsime Schwester ist Mathilde, Pritslav v. Werle, welche 3. Jan. 1356 die Priorin zu Pythe erschlene.

Johann I. d. Priedfertige + wohl 15. u. naer hapr. 25. Oct. 1303 beirathet Sophie N. Ekupeziou v. 1308; sein Sohn Nietei II. regiert seit 1291 au Werle u. beirathete im Herbst 1345 Mathilde; Samno Sohn Johann III. gedmbl. 4. Juli 1356 einer bereits vorsnehmoben (zweiten?) Gmstin Richardis;

Nophile, Tochter Nietei II. beirathete nach Merklinger „Gerhard d.
(Grosse" wahrscheinlich 1342; Günther, Sohn Johanns I. erscheint noch 20. April 1308 als Domherr zu Magdeburg; Günthere Bruder Bernhard noch 24. Aug. 1309 als Predigermönch zu Bützel und Henning urk. zuletst 17. März 1391 in der Heimath, oher noch im Auslande 25. März 1411.

Nietei IV. war an eine Tochter l'rich II. und Schwester l'rich III. v. L'insloe-beppin vermählt; sein Bruder Johann erscheint urk. 25. Juli 1351, war aber wohl 1341 berells tosh; die Schwester Mathilde lebte noch 1361 war aber berells zw. 9. u. 27. Oct. 1356 Wittwe geworden; Johann IV. + vor 13. Dec. 1371, sein Schwager Lorenz 13. Sept. 1393, dessen Wittwe Matilde bald nach, deren Schwester Agnes seben vor 11. Dec. 1392. — Johann II. hessen Güttzow nel[?] 2. Dec. 1415 und starb seine Gmtin Mathilde zw. 24. Oct. 1343 und 1364. Von den Töchtern wurde Sophie in erster Ehe Feb. 1343 Wittwe und verheirathete sich wieder 1343 und starb im Sept. 1364[?]; Anna hatte vielleicht nicht lange vor 11. März 1344 ins Kloster. — Bernhard zu Warsn beirathete am 25. April 1383 und starb zw. 9. u. 27. Jan. 1385, seine Schwiegertochter Agnes vor 12. Dec. 1402 und von ihren Kindern starb Nietei V. Gütten noch vor dem Oremmd, eine Tochter Judith Minorikwood, welche die erste Frau Heinrichs v. Mecklenburg-Stargard vor 1437 starb; Christoph, Fürst der Wenden + weht berells 1425 und ist Gmann Ehe mit einer Gräfin v. Lindau-Ruppin gans ungewiss; Wilhelm störb wehl vor der Verwahrseiung mit dem Vetter beraben; Agnes war schon 17. Dec. 1412 im Kloster zu Malchow; Mirislava ereschaint 16. Oct. 1432 u. 18. Aug. 1435 als Pförnerin, 24. Juli 1407 bis 11. Nov. 1411 als Dorhantin n. Quedlinburg, nann oher noch 20. Nov. 1420 gelebt haben. — Nietei III. + wohl zw. 16. Aug. 1363 u. 1. Aug. 1304, beirathete Agnes bald nach 13. Jan. 1318, Matilde zw. 22. April 1341, welche wohl zw. 16. Oct. 1329 und 12. März 1360 starb; Lorenz + 13. Sept. 1393, dessen Wittwe oriu bald von 17. Dec. 1402, nach lebte der Lorenz Schwester l'atharius zu eignen Tage noch, hatte Albert V. gehitzte 85. Jan. 1308 geheirathet, war oher vor 13. Nov. 1367 Wittwe geworden; Johann V. Wittwe lebte wohl noch 7. Aug. 1404. — Balthasar ereschaint mit 1419 als Fürst der Wenden, hatte sich an Agnes v. Pommern wohl zur 15. Jan. 1397 verlobt, oher als vermählt, verlor seine Gmstin Engelende ihm u. anerhalml brkemdt, und der Gmtin Hedwig sehen 21. Oct. 1416, welche angeblich 1426 als Gemahlin Diutriche v. Oldenburg störb; Balthasars Bruder Nietei ereschaint urk. 1. Mai 1601; Wilhelms Fürsten d. Wenden erste Gmtin + jedenfalls vor 12. Nov. 1426 und lebte die zweite noch 17. März 1453; Agnes als Schwester Balthasars beraht wohl nur auf Verwechselung.

TAFEL XCIII.

Heinrich L., der Pilger" war (vergl. Rührricht „Beitr. z. Gesch. d. Kreuzzüge II. Seg. "[?] 23. Jan. 1271 bis 26. Jan. 1298 in Gefangenschaft n. seine Gmstin + wohl vor 13. März 1317; Albert l'rf. Mai 1305 u. soll zu eine Tochter Nietei L. v. Mecklbg. zu Werle vermählt gewesen sein; Ludgard als Tochter Johann II. ist zu sterkben, denn nachweisbar sind nur Johann und Elisabeth, lertzere erscheint urk. 2. Aug. 1363 als Nonne z. urk. 20. Dec. 1381 bis 4. Aug. 1363 als l'rineti zu Rehna; Hermano Sohn Johanns I. erscheint 20. Jan. 1365 als Donaurhehtaster zu Schwerin u. + vor 4. Oct. 1373; Hermanns Schwager Gerhard I. + als Wittwer Adelheids, welche in erster Ehe an Albert I. v. Braueschwe. vermählt gewesen war. — Luitgard heirathete 1373 Pranzishn II. + als Wittwer gewessenen zw. 17. Oct. 1372 u. 8. März 1381, starb vor 1. Nov. 1370 geboren u. heirathete 3. Nov. 1296, der Schwiegersohn Adolph VII. + bg.Aug. 1315 und Günther III. noch 20. März 1361. — Heinrich der Löwe ist wohl gegen 1266 geboren und erwarb Stargard im Nov. 1309, seine erste Frau beirathete er R. Dissp. v. 22. März 1292, die zweite erscheint zuerst 3. Jan. 1317, die dritte zuletzt 29. Juli 1343; als Tochter Anastasia wird 1328 u. ihr Gatte + nach 16. Aug. 1360; Heinrich war Abt. mit 20. Mai 1349 resiguirte 1320 und + 5. Aug. 1320.

Johann L. an Stargard seit 16. Nov. 1326 ist wohl 1298 geboren, seine erste Gmtin Riches wird in einer späteren Mommafemtitleung v. 13. Jan. 1350 erwähnt, seine zweite Anna ist wohl spätdersten am 1346 vermählt und noch 12. Jan. 1350 am Leben, die dritte Agnes war eine Schwester l'rich III. etc. — Johann II. wurde zuletzt wohl in Sternsberg z. war noch 16. Juli 1416 am Leben von seinen Kindern + zu Johann III. Wittwe vor 11. Juni 1471[?]; Hedwig war Aebt. seit 16. Aug. 1429 resiguirte 16. Sept. starb oher schon 25. Sept. 1442; Agnes starb vor 1407; Albert ist inifehars zur Bischofs (u. Drepuel gewesen n. + nach 11. u. 14. Juli 1397; Euphemia heus oher auf K' eresclosenne mit Constantius herathen, welche 1302 Wittwe wurde; l'rich I. Gmtin war eine Prinzessin v. Pommern-Stettin und vor seinen Kindern erscheint Anna als Aebt. 15. Jan. 1417 bis 12. Juli 1431; Albert starb vor 4. Oct. 1421; Heinrich + zw. 27. Mai u. 20. Aug. 1466, seine erste Gmtin Judith war eine Tochter Nietei V. v. Mecklenburg zu Warsn u. + vor 1427; l'rich II. ist spätestens 1382 geboren; Ulriche Schwester Margarethe war wohl nicht mer verlobt, sondern nach verm. mit Erich II. v. Pommern n. nann demnach vor 1486 gestorben sein; Magdalena + R. l'rubmder, 1323, u. war ihr erster Gatte, Wilhelm v.Henneberg v. Brandenburg-Ansbach etc. verm. seit 22. Nov. 1475, der zweite + 16. Oktober. 20. Sept. 1366; Ingeburg verm. an Ebermin II. (welcher geh. 1465) + wohl sehen 1368, wenigstens war sie 7. Aug. 1369 berells verstorben. Elisabeth ist weht 1476 geboren u. vielleicht als Priorin schon 14. Nov. 1493 und starb vor 9. Dec. 1483.

Albert I. Tochter Ingeburg ist am 1346 geboren, variohte sich an Ludwig d.Römer, dem Wittwer Cuuiguudeus v. Polen, welcher erst überschob 12. Mai 1352 geboren u. 18. Juli 1365, heirathete ihn Mitte Feb. 1320 und wurde in erster Ehe 1365 Wittwe; Heinrich I. beirathet Ingeburg vor 4. Juni 1362 (von seinen Kindern ist Maria geb. vor 1366 und am

[illegible]

TAFEL XCIV.

[illegible]

TAFEL XCV.

[illegible]

TAFEL XCVI.

[illegible]

NASSAU.

TAFEL XCVII.

[illegible]

[illegible]

TAFEL XCVIII.

[illegible]

[illegible]

[illegible]

[illegible]

[illegible]

TAFEL XCIX.

[illegible]

[illegible]

[illegible]

[illegible]

[illegible]

TAFEL C.

[illegible]

[illegible]

[illegible]

[illegible]

[illegible]

TAFEL CI.

[illegible]

[illegible]

TAFEL CII.

[illegible]

[illegible]

TAFEL CIII.

[illegible]

[illegible]

Otto II. v. Dillenburg theilte mit dem Bruder Heinrich 16. Juni 1841 und heirathete ...

TAFEL CIV.

TAFEL CV.

TAFEL CVI.

TAFEL CVII.

ÖSTERREICH. LOTHRINGEN.

TAFEL CVIII.

Eberhard IV. † 972 oder 73 zu Lure, seine Gattin war wohl eine Tochter Albert II. v. Metz; Guntram † als Mönch zu Lüders; Adelheids erster Gatte Heinrich etc. war als Sohn Herzog Otto's v. Kärnthen und Vater Conrad II. Königs v. Deutschland etc. der Ahnherr des Salischen Kaiserhauses, welcher etwa 990 geboren u. 4. Juni 1039 gestorben als Gatte Gisela, Tochter Hermann II. v. Schwaben, Wittwe Bruno II. v. Braunschweig und Ernst I. v. Oesterreich, Herzogs v. Schwaben, welche im Sommer 1016 vermählt 14. Feb. 1043 starb; Hildegard v. Hohenlohe war angeblich in erster Ehe an Burggraf Conrad v. Nürnberg, erst in zweiter Ehe an Friedrich seit 1044 vermählt und lebte noch 4. Feb. 1059. — Gerhard I. an der Mosel Schwiegersohn Gerhard † 1046 und der Sohn Sigfried bald nach 27. Aug. 1017 und eine Tochter Gerhard I. und der Eva, mit Namen Henriette, war nach Zeitschr. „Adler 17, 88“ als Aebt. zu Remiremont 1086 gestorben. Hedwig erscheint schon 17. Sept. 963 als Gattin Sigfried I. v. Luxemburg. Hugo II. v. Egisheim Enkel Adalbero erscheint 29. Nov. 1049 als Canonicus zu Toul. Gerhard II. erscheint urk. 1039 als Markgraf v. Lothringen u. † 1046.

Hugo IV. erscheint nur als Vater dreier Töchter, einer ungenannten (angebl. Wilitha) verm. an Albert I. v. Kalw (Sohn eines Albert, vorkommend 1003—?, welcher 1020—44 vorkommt); Mathilde, welche Aebt. des 1003 gegründeten Klosters zu Wolfenheim im Elsass wurde; Gepa, Aebt. zu St. Quirin in Neys u. † 1040. — Bruno wurde 9. Sept. 1027 als Bischof v. Toul gewählt. — Papst Victor II. wird nur von Neueren Graf v. Kalw genannt, seiner Verwandtschaft mit Leo IX. (vergl. Zeitschr. f. Niedersachsen v. 1876 p. 71 Anm. 81) nirgends gedacht und dürfte eher ein Graf v. Hirschberg gewesen sein, da als Vater Hartwig (vergl. Forsch. z. deut. Gesch. XVIII, p. 585) genannt wird.

Gottfried v. Kalw wird erst nach 20. März 1113 Pfalzgraf u. † 6. Feb. um 1132, seine Tochter Uta heirathet um 1133 und stirbt vor 1200. Von Gottfrieds Schwestern wird Uda 1122 als Aebt. zu Essen genannt und Irmgard † 3. Mai ist (vergl. Wiener Jahrbr. d. Literat. B. 118 A. B. p. 17) erste Gemahlin Rudolphs v. Bregenz, welcher als Gatte Wulfhilde von Baiern 27. April vor 1158 starb.

Als Anmerkung. Als Leos IX. Schwestern werden, wie auch oben bemerkt wurde, nur drei (vergl. Zeitschr. f. Niedersachsen v. 1876 p. 70) genannt, die Annahme Gebhardis die bekannte „Ida de Elsthorpe, nobilis femina de Saxonia, filia quoque sororis Leonis papae“ zur Tochter Herzog Ernst II. v. Schwaben machen zu wollen, ist unhaltbar, ebenso Cohns (vergl. Voigtels geneal. Tabellen in 2. Aufl. No. 106) Versuch in Ida eine Enkeltochter der Kaiserin aus erster Ehe mit Bruno erkennen zu wollen; nach oben erwähnter Zeitschr. p. 68 wäre Ida eine Schwester Albert II. v. Kalw.

TAFEL CIX.

Gerhard II. (vergl. Uebersicht.) † 1046; Albert III. wird wohl im Oct. 1047 Herzog u. † im Oct. 1048; Gerhard III. Wittwe soll 1073 gestorben sein; Ulrich v. Nancy erscheint urk. 25. Juni 1061; Dietrichs v. Ober-Lothr. Wittwe † 1117; Dieterich Abt zu Moyenmoutier erscheint allerdings mit einem Bruder Theoderich, nennt aber als den Herzog von Ober-Lothringen Bruder, daher ist es sehr zweifelhaft, ob beide Theoderich identificirt werden dürfen (vergl. Reifenberg „[illegible]“ p. 256, 263, 277 ff.“); Gerhard IV. v. Vaudemont † erst gegen 1190, und nach „l'art de verif. les dates“ wäre Beatrix † nach 1116 als Wittwe des 27. Mai 1102 verstorbenen Grafen Stephan I. v. Burgund eine Schwester Gerhard IV. gewesen.

Simon I. Todestag ist wohl 14. Jan. und er nur 19. April 1139 beigesetzt, seine Wittwe † als Nonne nach 1140; die Gattin Florens II. heisst in Urkdn. Petronella; Ida ist 3. März 1138 od. 39 gestorben; Pronira, vielleicht richtiger Judith genannt, wurde Aebt. zu Remiremont wohl bald nach 1113 u. † 21. März 1170; Hare war Aebt. zu Bouxières-aux-Dames u. erscheint als Aebt. urk. 1115 — 1136 u. ihre Nachfolgerin schon 1137; Dietrich wirft sich im März 1128 zum Grafen v. Flandern auf und vermählt als solcher im Juli 1128, verliert seine erste Frau 4. Sept. 1133 und erscheint mit der zweiten schon 1135; Gerhard V. erscheint mit Vater und Brüdern 16. April 1114; Heinrich wird vor 13. März 1127 Bischof; eine Tochter Dietrichs v. Ober Lothringen war Gattin Bernhard III. v. Brabant u. Uccle; eine zweite Namens Mathilde Gattin Folmars v. Metz u. Lunéville; Gisela Gattin Friedrich I. v. Saarbrück wäre nach Crollius „origin. Bipont. I, 329 resp. 305“ eine Salische Erbtochter, während W. Arnold „Gesch. d. deut. Städte I, 195“ in ihr die Erbtochter des Burggrafen Werner v. Worms, Grafen v. Nechargau erkennen will.

Laurentia Tochter Dietrichs v. Flandern nahm den Schleier zu Forêt, ihr erster Gatte † 11. Juli 1167 und ihr letzter war Heinrich der Blinde v. Namur u. Luxemburg, während der zweite 9. Aug. 1165 starb; Margarethe heirathete im April 1169; Gertrud lebte noch 1187 lt. einer Urkde. Papst Urbans v. 4. Feb. c. a. und dass ihre Ehe mit Humbert wirklich vollzogen worden sein muss zeigen Urkdn. v. 1176 u. 83 (vergl. Wauters „table des chartes II, 562 u. 610“), welche Philipp v. Flandern auf Bitte seiner Schwester der Gräfin v. Maurienne ausstellte. — Balduin v. Flandern ist nicht 1142 gestorben, denn er kommt urk. noch 1144 vor; Matthäus heirathet die Tochter Stephans v. Blois, welche später Erbin v. Boulogne wird, deshalb ist ihre älteste Tochter Ida Erbin v. Boulogne, deren zweiter Gatte wird 1186 geschieden, während der vierte wenigstens noch 16. Juli 1212 am Leben war, ja angeblich in französ. Gefangenschaft um Ostern 1227 seinem Leben selbst ein Ende gemacht hätte; Peter wurde 9. Dec. 1167 zum Bischof gewählt u. resignirte um Ostern 1174 und wurde seine Wittwe Nonne zu Fontevrault 1180 und seine Tochter Gattin des Truchsess v. Flandern, Robert de Waurin.

Matthäus I. war schon 1138 verheirathet; Robert war Besitzer v. [illegible]; die Gattin Friedrich IV. v. Toul hiess Hedwide; nur eine Tochter Simon I., Bertha war Nonne zu Tart; Walther hiess Gerbéviller. — Simon II. Gattin war Wittwe Humbert II. v. Coligny zu Beauremont; Friedrich I. schon 1170 verheirathet und starb die Wittwe erst 1223, sein Sohn Philipp hiess Gerbéviller; Agathe war schon 1231 Aebtissin und starb 12. Juli 1242; Judith schon 1189 Gattin Heinrich II. v. Salm; Matthäus wäre nach Huhn „Gesch. Lothringens“ 1170 geboren, 27 Jahre alt Bischof geworden, was er bis 7. Jan. 1210 blieb u. † Mittwoch 17. Mai 1217, auch soll Friedrich I. noch einen Sohn gehabt haben, Simon Erudieron zu Toul. Friedrich v. Châtelet ist nach Dumont „Nobil. des Seigneurs et des Bourgeois II, 305“ Ahnherr der Barone v. Châtelet etc.

In Anmerk. b muss es heissen Herchenrode „Collection etc.“ — Auch soll das Geschlecht d'Alsace Hennin-Liétard nach Magny „Livre d'or d. l. noblesse Européenne III, 21“ seinen Ursprung von Simon, einem Sohne Dietrichs v. Flandern herleiten.

TAFEL CX.

Reinald war nur Besitzer v. Moncay u. Bitsch, bereits 16. Nov. 1261 Gatte der Erbin v. Blieskastel, wurde bald nach 23. April 1273 Wittwer und lebte noch 12. Sept. 1274; Werner v. Kyburg † wohl bald nach 1. Nov. 1228 und seine Gattin Adelheid od. Bertha heirathete wohl nach 30. Nov. 1229 Walther v. Vignory und lebte noch 1. Dec. 1250; Laurette war Simon III. Gattin schon 20. Sept. 1225. — Friedrich III. Wittwe † 1310; Lauras erster Gatte † vor April 1250 und Gattin des zweiten war sie bereits Feb. 1257; Elisabeth od. auch Isabelle wurde Gattin Wilhelm III. v. Mayon zu Vienne nach 1280 und verlor ihn 1255; Catharinens Gatte Richard war Sohn Dietrich III. v. Mömpelgard u. † 1279.

Theobald II. heirathete lt. Contr. v. 1291; Friedrich v. Plombières und der Bischof Friedrich wären nach Huhn „Gesch. Lothringens I, 211“ nur eine Person, Friedrich hätte Bischof werden sollen, sei aber später zu Plombières gestorben; Catharinens Todestag war 4. Juli; Isabelle oder Elisabeth war schon im Mai 1323 Heinrich III. Gattin; Agnes † wohl einige Zeit vor 1290 ihr Gatte 27. Dec. 1297 als Gem. Johannens von Châtellerault, der Wittwe Gottfrieds v. Lusignan zu Jarnac.

Margarethe Tochter Theobald II. war nur verlobt an Guido etc. lt. Contr. v. 1. April 1314 aber bereits 8. Nov. 1323 Gattin Ludwig VI. v. Loon etc. — Margarethe, Tochter Friedrich IV. heirathete Ulrich IX. (oder VII.) v. Rappoltstein zw. 1363 u. 64 und lebte noch 23. Sept. 1371 und ihr Gatte starb angeblich 1377; Albert heirathete Alix, Tochter Johanns v. Harcourt zu Parroye lt. Contr. v. 3. Juni 1356. — Johann I. war in zweiter Ehe an die Tochter Ludwig VI. v. Loon u. Chiny vermählt. — Carl I. Gattin war 1376 geboren, seine Nebengem. war Alison de May; Isabelle heirathete 1391 Enguerrand. — Isabellens Nichte Isabelle starb Feb. 1453 st. nov. und war ihr Gatte nach eigner Angabe 16. Jan. 1408 geboren; Friedrichs v. Bitsch Nachkommen erloschen schon 1525. — Johann II. wurde Herzog lt. väterl. Verzicht v. 26. März st. vet. 1453; Jolante † bald nach 22. Feb. st. vet. 1483 und Margarethens Gatte Heinrich war kurze Zeit auch König v. Frankreich gewesen.

Als Anmerk. Unter den Grafen v. Châlons (Châtillon?) findet sich Mitte des 14. Jahrhunderts keiner, welcher an eine Margarethe v. Lothringen vermählt gewesen wäre, alle Gräfinnen dieses Namens entstammten andren Geschlechtern.

TAFEL CXI.

Gerhard IV. (vergl. Uebersicht.) † gegen 1190, sein Sohn Ulrich erscheint urk. 9. Sept. 1144, die Tochter Stephanie war bereits 1184 verheirathet und überlebte ihren Gatten; als Gerhard IV. Tochter wird noch Hedwig genannt, welche 1190 Canonissin zu Hohenburg war. — Otto od. Endes wurde nach März 1192 Bischof; Hugo II. erscheint mit seiner Gattin Gertrud urk. 1225 und lebte noch 27. Mai 1235 wo er mit zwei Söhnen Gottfried II. und Gerhard VIII. urk. genannt wird. — Heinrich I. Wittwe lebte noch im Mai 1291; Heinrich II. Gattin war eine Tochter Johann I. v. Vergy; Jacob v. Hainville erscheint urk. schon 1277; Heinrich III. war bereits im Mai 1323 verheirathet und als seine Schwester wird auch Anna genannt, Gattin Johanns v. Bauffremont u. Joinville, welcher noch 1337 starb. — Heinrich V. Schwager Johann I. v. Vergy u. Mirebeau war schon 5. Juni 1353 Gatte Isabellens v. Joinville und starb um 1359.

Anton I. † 1457 (vergl. de la Roque „hist. geneal. d. l. maison de Harcourt I, 609“) und war seine Gattin Erbin v. Mayenne, Aumale, Elboeuf und Arcourt und 9. Sept. 1398 geboren. Ihre Kinder wären zu ordnen: Maria, Margarethe Erbin v. Arschot, Friedrich VI., Johann geb. Frühjahr 1431, Heinrich etc., doch nur eine Tochter Catharina war Franciscanerin zu [illegible].

René II. ist 2. Mai 1451 geboren, ihm folgen im Alter Carl, welcher jung gestorben, Peter, Nicolaus, Johann u. Heinrich, gleichfalls jung gestorben, Johanne, Jolante u. Margarethe, welche geb. 1463. — René II. Wittwe stirbt 25. Feb. st. vet. 1547 und ihr Sohn Johann wurde Freitag 28. Mai 1518 Cardinal, 11. Jan. 1524 Erzbischof zu Narbonne, resign. zu Toul 1525, zu Metz 1505, war auch Bischof zu Terouanne 1. Jan. 1507 1535, zu Verdun 1523—44 u. Erzbischof zu Lyon vor 13. Aug. 1537—39.

TAFEL CXII.

Nicolaus war 1529 bis 1548 Bischof v. Metz, seine Wittwe † 25. Juni 1601, die Gattin Franz I. war 1521 geboren, ihr Sohn Carl II. heirathete 22. Jan. 1559, die Tochter Renata starb 22. Mai 1602 und Dorotheens zweiter Gatte war Marcus de Rye, Herr v. Dicey verm. 1596 † nach kurzer Ehe im Dec. 1598. — Heinrich des Guten erste Gattin war 1568 geb. und die zweite † 7. Feb. 1632; Carl wurde 20 Mai / 20 Juni 1592 Bisch. zu Strassburg; Antoniens Gatte würde richtiger Johann (Wilhelm) genannt sein;

Catharine Aebt. zu Remiremont † 7. März 1648; Franz II. heirathete 15. April 1597 die Tochter und Erbin Paul's v. [illegible] und [illegible], seiner Tochter Henriette zweiter Gatte war [illegible], Marquis v. [illegible], welcher bald nach 29. Nov. 1666 starb, der vierte war Joseph Franz [illegible] etc.; (Nicolaus) Franz war Cardinal-Diacon 1627 geworden; Margarethe heirathete 3. Jan. 1632 (vergl. [illegible] „*Arb. d. l. Maison d. l. Lorraine a la France*" I, 233 u. dort d. vorerbliel. Angaben üb. d. Verm.) Gaston etc. — Carl III. zweite Gattin war eine Tochter von (Claudine) Franz v. [illegible] etc. und Carl IV. hatte noch eine 1660 zu früh geborene und bald gestorbene Tochter, welche in Wien zu St. Stephan begraben ist.

TAFEL CXIII.

Leopold (Joseph) heirathete zu Bar 25. Oct. 1698 ([illegible] etc. IV. 47 u. 58 sagt, er habe sich *p. p.* zu Fontainebleau 12. Oct. verm., allein [illegible] „*Hist. de Lorraine* 8, 33" bemerkt 13 sei nur der Ehecontract unterzeichnet, die Procuration 13 vollzogen!) und die Wittwe † 13. Dec. 1744; Carl resignirte als Bischof zu Olmütz 1711; Franz (Anton) † 1715. — Von Leopold (Josephs) Kindern ist Gabriele 4. März geboren und 3. April 1708 getauft; Charlotte Aebt. seit 10. Mai 1738; noch eine Prinzessin Donnerstag 1. Dec. 1718 todt geboren; Leopold geb. 1679 † 1700; Franz III. liess in Toscana 12. Juli 1737 Besitz ergreifen; Carls Tochter ist geb. und † 6. Oct. 1744 (vergl. Wolfsgruber „die Kaisergruft bei d. Kapuzinern in Wien p. 305").

Marie Johanne Tochter Franz I. † 11. Nacht 27. Dec. 1762, doch sagt Wolfsgruber etc. p. 271 sie sei Donnerstag 23. Dec. gegen 5 Uhr Abends gestorben; Leopold war seit 3. Sept. 1765 Grossherzog etc.; Max wurde erst 12. Oct. 1784 als Erzbischof inthronis.; Ferdinands v. Modena ältestes Kind ist ein Erzherzog (vergl. Arneth „Briefe d. Kaiserin Maria Theresia an ihre Kinder I, 306, II, 41, III, 104, 215") Joseph Franz. — Therese v. Modena † 25. März 1886, ihr Gatte Heinrich v. Bordeaux, Graf v. Chambord schon 24. Aug. 1883; Franz V. † 20. Nov. 1875, seine Schwägerin Elisabeth ist Wittwe (Carl) Ferdinands und der Schwager Johann v. Spanien † 21. Nov. 1887.

Ferdinand III. v. Toscana wurde im Mai 1814 restituirt, ihm [illegible] Sept. 1802 ein todtes Kind geboren und † Caroline „*[illegible]*" 4. Jan. 1802; Ferdinand III. Sohn Leopold II. verliert sein Land 27. April 1859 u. † 29. Jan. 1870, Ferdinand IV. ältestes Kind Antoinette † 13. April 1883 und aus zweiter Ehe sind geboren Leopold (Ferdinand) 2. Dec. 1868, Louise 2. Sept. 1870, Joseph (Ferdinand Salvator) 24. Mai 1872, Peter (Ferdinand Salvator) 12. Mai 1874, Heinrich (Ferdinand Salvator) 13. Feb. 1878, Anna Marie Therese 17. Oct. 1879, Margarethe 13. Oct. 1881, Germana 11. Sept. 1884, Robert (Ferdinand Salvator) 15. Oct. 1885. — Carl geb. 1839, Ludwig geb. 1847 und Johann geb. 1852 führen den Beinamen Salvator. — Johann Salvator hat „Herbst 1889 auf seine Würden und Ehrenstellen verzichtet und nennt sich fortan Johann Orth."

Carl (Salvators) Kinder sind (Marie) Therese geb. 1862 u. verm. seit 28 Feb. 1886 an (Carl) Stephan von Oesterreich, welcher geb. 1860; Leopold (Salvator) geb. 1863 verm. seit 24. Oct. 1889 an Blanca, Tochter Carls v. Spanien, welche geb. 7. Sept. 1868; Franz (Salvator) geb. 1866 verlobt an (Marie) Valerie, Tochter Franz Joseph I. v. Oesterreich, welche geb. 1868 und soll die Hochzeit im Mai 1890 gefeiert werden; Caroline geb. 5. Sept. 1869; Albrecht (Salvator) geb. 22. Nov. 1871, Marie Antonie geb. 18. April 1874, Marie Immaculata geb. 3. Sept. 1878, Rainer (Salvator) geb. 27. Feb. 1880 † 4. Mai 1889, Henriette geb. 20. Feb. 1884 † 13. Aug. 1886, Ferdinand (Salvator) geb. 2. Juni 1888.

TAFEL CXIV.

Anton wurde 9. Sept. 1801 Bischof zu Münster und 3. Aug. 1805 als Hochmeister inthronis.; Marie Clementine geb. 1777 heirathete *p. p.* 19 Sept. 1797; Johanns (geb. 1782) Wittwe † erst 4. Aug. 1885. — Josephs (geb. 1776) Tochter erster Ehe hiess Alexandra Paulowna; Stephan † als Besitzer v. Schaumburg; Elisabeth verlor den zweiten Gatten (Carl) Ferdinand 20. Nov. 1874; Josephs Kinder sind Margarethe geb. 1870, Joseph (August) geb. 9. Aug. 1872, Ladislaus geb. 16. Juli 1875, Elisabeth geb. 9. März 1883, Clotilde geb. 9. Mai 1884. — Rainers (geb. 1783) Schwiegersohn Victor Emanuel † 9. Jan. 1878 und war wieder verheirathet mit der Gräfin Mirafiori; Heinrichs (geb. 1828) Gattin Leopoldine Hoffmann ist geb. 23. Nov. 1842 und Frau v. Waideck seit 5. Nov. 1878.

Carl geb. 1771 war seit 3. Juni 1801 Coadjutor des Hochmeisters gewesen. Von seinen Kindern und Enkeln ist Carl (Albrecht) geb. 1847 † 1848; (Carl) Ferdinand † 20. Nov. 1874 und von dessen Kindern ist Friedrich geb. 1856 verm. an Isabelle, Tochter Rudolphs v. Croy-Dülmen 8. Oct. 1878, welche geb. 27. Feb. 1856; aus dieser Ehe sind Marie Christine geb. 17. Nov. 1879, Marie Anna geb. 6. Jan. 1882, Henriette geb. 10. Jan. 1883, Natalie geb. 12. Jan. 1884, Stephanie geb. 1. Mai 1886, Gabriele geb. 14. Sept. 1887, Isabelle geb. 17. Nov. 1888; (Carl Ferdinands Tochter Christine (leider im Hauptwerk übersehen) geb. 21. Juli 1858 verm. 29. Nov. 1879 an Alfons XII. v. Spanien, Wittwer d. Mercedes v. Orleans, Prinzessin v. Montpensier, welcher geb. 28. Nov. 1857 u. † 25. Nov. 1885; (Carl) Stephan geb. 1860 verm. an (Marie) Therese, Tochter Carl (Salvators) v. Toscana, 28. Feb. 1886, welche geb. 1862 u. sind aus dieser Ehe Eleonore geb. 28. Nov. 1886, Renate geb. 2. Jan. 1888, Carl Albrecht geb. 18. Dec. 1888, Eugen (Ferdinand) geb. 1863, Marie Eleonore geb. 19. Nov. † 9. Dec. 1864.

Franz (II.) I. geb. 1768 war in erster Ehe verm. an die Tochter Friedrich Eugens v. Würtemberg und seine Wittwe Charlotte od. in Oesterreich Caroline (Auguste) † 9. Feb. 1873 und von seinen Kindern hat sich Marie Louise an Napoleon I. bürgerlich 1. kirchlich 2. April 1810, in zweiter Ehe an Adam (Adalbert) v. Neipperg, in dritter 17. Feb. 1834 an Carl Renatus v. Bombelles vermählt; Ferdinand I. resignirte 2. Dec. 1848 und † 29. Juni 1875 und seine Wittwe 4. Mai 1884; Clementine geb. 1798 starb 3. Sept. 1881. Franz (Carl) resignirte 2. Dec. 1848 und † 8. März 1878, seine Gattin schon 28. Mai 1872 u. entstammen dieser Ehe Franz Joseph I. (dessen Kinder sind Gisela verm. 20. April 1873 an Leopold v. Baiern, welcher geb. 9 Feb. 1846; Rudolph † 30. Jan. 1889 verm. an Stephanie, Tochter Leopold II. v. Belgien 10. Mai 1881, welche geb. 21. Mai 1864 und Mutter von Elisabeth geb. 2. Sept. 1883; und (Marie) Valerie geb. 1868, welche verlobt ist an Franz (Salvator) v. Toscana, geb. 1866 und soll die Hochzeit im Mai 1890 gefeiert werden). Carl Ludwig geb. 1833 verlor die zweite Gattin 4. Mai 1871 und heirathete 23. Juli 1873 Marie Therese, Tochter des Infanten Miguel von Portugal, welche geb. 24. Aug. 1855. Aus seinen Ehen stammen Franz (Ferdinand), welcher als Haupterbe des Herzogs v. Modena Namen und Wappen der Familie Este im Frühjahr 1876 annimmt; Otto geb. 1865 seit 2. Oct. 1886 verm. an Marie Josephe v. Sachsen, welche geb. 31. Mai 1867 und Mutter von Carl (Franz Joseph) geb. 17. Aug. 1887; — Margarethe geb. 1870, Marie Annunciata geb. 31. Juli 1876; Elisabeth geb. 7. Juli 1878. — Dem Erzherzog Franz (Carl) wurde noch ein Sohn 24. Oct. 1840 todt geboren.

TAFEL CXV.

Marie geb. 1515 hat sich in zweiter Ehe *p. p.* 9. Mai verm. und bald nach 18. Juni 1538 vermählt, verlor ihren Gatten schon 10. Dec. 1542. — Ludwig geb. 1527 nahm als Erzbischof v. Troyes 13. Juli 1545 Besitz, verzichtete aber schon 27. Juni 1550.

Catharine v. Aumale † 23. Juni 1606; Marie wurde 16. Aug. 1579 Aebtissin und † 27. Jan. 1627; Claudine geb. 1584 starb als Abt zu St. Père in Chartres.

Ludwig v. Guise geb. 1575 wurde Erzbischof zu Rheims im Jan. 1605, Cardinal 21. Dec. 1615; Claudius war an die Tochter des Herzogs v. Montbazon, Hercules v. Rohan vermählt und resignirte seine Tochter Henriette als Aebt. v. Jouarre vor 25. Dec. 1651. — Von einer anderen Ehe Louisens geb. 1588 steht in „Memoires du Marechal de Bassompierre" nichts!! — Heinrich II. geb. 1614 wurde Erzbischof zu Rheims 17. Sept. 1629, Franciska Aebt. zu St. Peter in Rheims schon 1627 resignirte 1644 und wurde Coadjutorin zu Montmartre 25. Juli 1644 und 24. Mai 1657 als Aebtissin eingesegnet.

TAFEL CXVI.

Carl II. war an (Catharina) Henriette, dessen ältester Sohn Carl III. in zweiter Ehe an (Catharine) Elisabeth de la Tour etc., der zweite Sohn Franz Ludwig an die Tochter von Franz Alfons v. Montlaur verheirathet, letzterer Vater von Alfons Heinrich und durch ihn Grossvater von Franz v. Montlaur geb. 1694 u. † 1708. Die zweite Tochter Franz Ludwigs und geb. 1657 hiess Maria Anna und wurde 28. Feb. 1682 zur Aebt. von Montmartre ernannt. Der Schwiegersohn von Anna Marie v. Harcourt, Emanuel Theodosius de la Tour starb 17. April 1730.

Der jüngste Sohn Franz Marias v. Lillebonne würde richtiger (Johann) Paul genannt sein.

TAFEL CXVII.

Philipp geb. 1613 war Abt zu St. Père zu Chartres seit 22. Nov. 1630; Carls v. Marsan Söhne waren Jacob (Heinrich) und Carl Ludwig, dessen Schwiegersohn Gottfried Carl de la Tour etc. † 3. Dec. 1792 und seine Schwiegertochter war (Marie) Louise v. Rohan-Soubise.

Louise v. Lambesc geb. 1727 war an Alexander Ferdinand v. Thurn-Taxis, Wittwer Sophiens (Christine Louise etc. vermählt. — Carl (Eugen) war in zweiter Ehe vermählt an (Marie) Victorie Folliot etc., Wittwe des Baron Franz Carl v. Pontet und des Grafen Franz v. Colloredo-Waldsee, welche geb. 14. Aug. 1766. — Anna Charlotte wurde 1776 Coadjutorin und 1782 Aebtissin, kam aber erst 20. Aug. 1786 nach B. und † 22. Mai 1786.

PREUSSEN. HOHENZOLLERN.

TAFEL CXVIII.

Nach L. Schmid „Älteste Gesch. d. Gesammthauses H. B. II." wäre der wahrscheinliche Ahnherr Burkard, Graf des Scherragau's, gefallen im Kg. Heinrich III. böhm. Kriege (lt. Necr. v. Weissenburg 21.) Aug. 1040 und wahrscheinl. Gatte Himeltrud's, einer Tochter Werners v. Ortenberg im Elsass.

Erste beglaubigte Grafen aber sind:

Burkard I. v. Zolorin, Graf im Scherragau † 20. Aug. 1061 und wahrscheinl. vermählt an eine Tochter Friedrich I. v. Büren.

Wezel (Werner) I. v. Zolorin † 20. Aug. 1061. Gemahlin: eine Gräfin v. Kalw.

Friedrich I. comes de Zolre, erster Schirmvogt des Klosters Alpirsbach [illegible] und † vor 1125. Gemahlin Udilhild, Tochter Egeno II. v. Urach. † 14. April (nach 1134).

N. Gattin Hugo V. v. Tübingen † 1102.

Adalbert v. Zolre, Graf v. Haigerloch u. Wiesneck im Möhlenthal, Mitstifter von Alpirsbach und dort zw. [illegible] eingetreten. Gem. (Adelheid, Tochter Bertholds) v. Eberstein (welche nach Warnata, Geschichte d. Hohenzollern, gegen 1077 vor des Gatten Rückkehr aus Italien starb).

Bruno, [illegible] als Canonicus, und vor [illegible] Dompropst zu Strassburg, zw. 16. Oct. und 31. Nov. 1112 bis kurz vor 21. Sept. 1122 Reichskanzler, um 1115 Stifter des Klosters Mürgen (Marienzelle) im Schwarzwald und † 5. Mai zw. 27. Nov. 1125 u. 1129 als Dompropst.

Friedrich [illegible].

Wezel II. v. Zolre und Haigerloch urk. 1125 bis 13. Juni 1162 und vielleicht gestorben lt. Necrol. von St. Blasien 10. Oct.

Irmentrud † als Nonne zu St. Agnes zu Schaffhausen um 1160.

Adelbert II. Herr de Haigerloch urkundl. 1141—52.

Berthold de Zolre urkundl. 1160 bis 22. Mai 1194.

Die angebl. Tochter Adelheid ist ein Glied des Geschl. [illegible] (vergl. Mittheil. d. Ver. etc. f. Hohenzollern III, [illegible]).

[illegible]

Friedrich IV. (als Burggraf II.) siegelt öfter mit dem burggräfl. Löwen, † 1255. Gemahlin Elisabeth [illegible] 1220 nach Herrgott „Geneolog. dipl. august. gent. Habsburg." Schwester (der Zeit nach wohl eher Tante?!) König Rudolph I.

Conrad III. (als Burggraf) v. Nürnberg (vergl. Hauptwerk).

Friedrich der Erlauchte. (Ueber ihn und seine Gattin, welche als Nonne zu Stetten stirbt, vergl. Hauptwerk.)

Noch zwei Söhne, mit Namen Friedrich erscheinen mit Aeltern und Bruder urk. [illegible] April [illegible].

Sophie † [illegible] April. (Aller Weitere vergl. im Hauptwerk.)

Heinrich I. v. Hohenberg zu Lahr erscheint urk. noch 30. Jan. [illegible] — Friedrich jun. v. Merkenberg war an die Tochter [illegible] II. v. [illegible] vermählt und seine Schwester Udilhild lebte noch 1[illegible], war an den Besitzer der Herrsch. Heidenburg in Baiern, Albert II. v. [illegible] vermählt, welcher 1333 zu Avignon starb und 13. Oct. c. a. begraben wurde. — Sophie, eine Tochter des alten Ritters lebte sogar noch 1[illegible]. Oct. 1437, während ihr Gatte schon 13. Aug. 1[illegible] starb; Sophiens Bruder Friedrich der Weisegraf wird bereits im Mai 1[illegible] Abt.

Vergl. in Anmerk. 1. Adelheid, seit 23. März 1[illegible] Wittwe Heinrichs v. [illegible] und zw. 1[illegible] und 16. Oct. 1[illegible] gestorben, hat nach „Mitth. d. Ver. etc. f. Hohenzoll. IV, [illegible]" der [illegible] Linie angehört.

[illegible]

TAFEL CXIX.

Friedrich v. [illegible] ist angebl. [illegible] gestorben; Friedrich [illegible] II. war schon 1346 Johanniter, schon 18. März 1[illegible] Comthur zu [illegible], erscheint als Grossprior bereits 1. Mai 1[illegible], resign. 1[illegible] und † angebl. 1[illegible]. Friedrich der Strassburger ist wahrscheinlich 1[illegible] gestorben. Friedrich des Schwarzgrafen Wittwe Anna hat noch 1[illegible] gelebt. Friedrich der [illegible] wurde Grossmeister 11. Nov. 1413 und starb im Herbst 1416 als Comthur zu [illegible]; seine Schwester Adelheid ist [illegible] Wittwe geworden, da er [illegible] Aug. c. a. bereits als Verstorbener genannt wird. Fritz [illegible] Wittwe † 1412 [illegible]. Friedrich (Fritzli) wird zw. [illegible] Juli und [illegible] Nov. 1[illegible] Bischof; Jos (Nicolaus) I. ist wohl 1[illegible] geboren und † [illegible] Feb. 1[illegible], seine Tochter Helene heirathete Johann v. Waldburg-Wolfegg und starb 11. Nov. 1515 und Helenens Brüder heissen Friedrich Albrecht und Johann Friedrich.

Von Franz (Wolfgangs) Kindern starb Helene wohl [illegible] Juli 1[illegible] und war ihr Gatte Christoph in erster Ehe mit Ehrentrud v. [illegible] verheirathet; Anna [illegible], wurde 1[illegible] von Ulrich Philipp zu Hohenems geschieden, welcher als Wittwer Regina's Marbach 6. Mai 1[illegible] starb; Elisabeths Gatte Christoph de la Scala zu Ammerang, Waldt etc. in Baiern starb 14. April 1[illegible]; Regina als Priorin 17. Juli 1[illegible] und (Christoph) Friedrich v. Haigerloch 1536 — auch war Salome, Tochter Eitel Friedrich II., 1[illegible] geboren und vor 1[illegible] verheirathet und ihre Schwester Wandelberta vermählt an Albert III. v. Hohenlohe-Neuenstein. — Joachim v. Hohenzollern wurde [illegible] Nov. [illegible] Wittwer und war Vater von Jos (Nicolaus II.), dessen Wittwe [illegible] Mai 1[illegible] starb. — Eitel Friedrich III. war 1[illegible] geboren, sein Sohn Eitel Friedrich residirte zu Haigerloch und die Tochter Johanna † vor 1[illegible] und war ihre Heimführung [illegible] Juni 1[illegible] bald nach der Hochzeit.

Carl I. heirathete 11. Feb. 1[illegible] und von seinen Kindern starb [illegible] [illegible] Juli 1[illegible]. Ernst VI. [illegible] also [illegible] Mai 1[illegible]; er zählt Eitel Friedrich als IV. oder I.; Johannes Vorsicht ist von [illegible] Sept. 1[illegible]; Jacobens Gatte Leonhard V. starb als Gatte Anna's v. Ortenburg-Salamanca; Cunigunde wird erst [illegible] Feb. 1[illegible] gestorben sein; Christoph heirathete die Tochter Christophs v. Welsperg 1[illegible] Aug. 1[illegible], welche noch [illegible] Oct. 1[illegible] am Leben war; von seinen Kindern heirathete Johann Christoph [illegible] Sept. 1[illegible], war jedenfalls [illegible] Feb. 1[illegible] bereits verstorben und starb die Gattin als Wittwe Carl Ludwigs v. [illegible]; Carls Gattin gehörte der Steirer Linie Ortenburg an und war bereits Wittwe Hans [illegible].

v. Freiberg zu Justingen, heirathete Carl bald nach [illegible] Feb. 1[illegible] und † 1[illegible] als Gattin Adam Heinrichs Keller v. Schleitheim; Anna Dorothea war 1[illegible] geb. und † bald nach der Resignation [illegible] Feb. 1[illegible].

Joachim war Domherr zu Würzburg 1[illegible] und zu Mainz 1[illegible]. Johann Georgs zweite Frau war Helene, Tochter Georgs v. [illegible] und Leipa und von den Töchtern ist Helene [illegible] Febr. 1[illegible], (Anna) Catharina [illegible] Mai 1[illegible] geboren, an den Kaiserl. General v. Montecuccoli nur verlobt, wirklich vermählt 14. Mai 1[illegible] an Moritz August v. Rochow etc., welcher geb. [illegible] Juni 1[illegible] und 1[illegible] starb, der zweite Gatte kann nur Christoph v. [illegible]-Fürstenstein zu [illegible] sein, welcher [illegible] Nov. 1[illegible] starb.

TAFEL CXX.

Maximiliane † 14. Juli 1[illegible]; Johann Georgs Gattin war die Tochter Wild- und Rheingraf Friedrichs zu Salm und Neufville, von seinen Töchtern war Anna Marie geb. [illegible] Sept. 1[illegible] vermählt an Egon etc. (von den Söhnen ist Franz Egon geb. [illegible] April 1[illegible] zwar [illegible] Dez. 1[illegible] Bischof zu Metz geworden, aber nicht bestätigt etc., Wilhelm Egon geb. [illegible] Dez. 1[illegible] war Bischof zu Metz [illegible] Sept. 1[illegible] etc.), (Catharina) Ursula vermählt an Wilhelm v. Baden etc.; Marie Renate † 12. Jan. 1[illegible], ihr Gemahl Hugo etc. ist [illegible] Febr. 1[illegible] geboren und war in letzter Ehe an die Wild- und Rheingräfin v. Kyrburg in Mörchingen verheirathet; (Walpurg) Maximiliane † 12. Mai 1[illegible] und vermählt an Graf Tracken, welcher nochmals Christine Elisabeth etc. heirathete. — Eitel Friedrich II. war vermählt an (Marie) Elisabeth v. Berg zu Bergen-op-Zoom und der Schwiegersohn stirbt als Gemahl Elisabeths v. Wassenaar; von den Brüdern war Philipp (Christoph Friedrich) vermählt an (Marie) Sidonie v. Baden etc., Leopold (Friedrich) † als Domherr etc.

Von Hermann Friedrichs Kindern ist Eleonore Auguste † als Stiftsdame zu Hall, (Marie Christine vermählt an Joseph v. Thun-Hohenstein zu Tetschen [illegible] Nov. 1[illegible], Marie) Josephe Gattin von Franz v. Clary, Marie Sidonie verm. an Franz de Paula (Ulrich) etc. — Franz Xaver geb. 1719 heirathete die Tochter Ludwigs v. Hoensbroech-Geul; Friedrich (Antons) Sohn Joseph wurde zwar [illegible] Juli 1[illegible] zum Bischof erwählt, aber erst 14. April 1817 confirmirt und Juli 1[illegible] inthronisirt, und die Enkelin Friedrich (Antons) Marie geb. 1[illegible] † 14. Mai 1[illegible]. — Meinrad geb. 17[illegible] † 1[illegible]; Johann Carl geb. 17[illegible] wurde 13. April 17[illegible] Abt zu Oliva, überhaupt als Bischof v. Culm [illegible] März 17[illegible] die Regierung, resignirte 24. April 17[illegible], wurde als Bischof v. Ermeland postulirt [illegible] Juli, präconisirt 14. Dez. 17[illegible]. — Die Gräfin König, eine Tochter Friedrich Wilhelms und geb. 1715, hiess richtiger (Marie) Maximiliane.

TAFEL CXXI.

Felicitas war vermählt an Maximilian (Heinrich Lorenz) v. Rom-Neufchâteau, welcher [illegible] Feb. 1[illegible] starb. Leonore Gatte war Louis Baron v. Baur von der Burg seit 1[illegible], welcher geb. 1[illegible] Dez. 17[illegible] † 13. Oct. 1[illegible]; Friedrich (Antons) Gattin Caroline starb als Wittwe Johann Seligers [illegible] Juni 1[illegible], Josephine geb. 17[illegible] † [illegible] Jan. 1[illegible].

Anna Marie v. Sigmaringen verheirathet sich 13. Feb. 1[illegible]; (Marie) Maxi-

[illegible]

TAFEL CXXII.

[illegible]

TAFEL CXXIII.

[illegible]

TAFEL CXXIV.

[illegible]

TAFEL CXXV.

[illegible]

TAFEL CXXVI.

[illegible]

TAFEL CXXVII.

[illegible]

1879 Gattin (Friedrich) Auguste v. Oldenburg, welcher geb. 16. Nov. 1852; Louise ist seit 13. März 1879 verm. an Arthur v. Connaught, Prinzen v. Grossbritannien, welcher geb. 1. Mai 1850; der Sohn (Friedrich) Leopold ist verm. seit 24. Juni 1889 an Louise v. Holstein-Sonderburg-Augustenburg, einer Schwester d. Kaiserin (Auguste) Victoria, welche geb. 8. April 1866.

Louise geb. 1838 † 4. Dec. 1870 und ihr Gatte 8. Sept. 1881; Albrecht geb. 1809 † 14. Oct. 1872, seine erste Gattin 29. Mai 1883, seine Wittwe 3. März 1879, sein Schwiegersohn Georg II. v. Sachsen-Meiningen wurde in zweiter Ehe Wittwer und ist morgan. vermählt; Albrecht wurde als Heermeister in Sonnenburg 26. Juni 1883 installirt und in Braunschweig zum Regenten 21. Oct. 1885 gewählt, ist seit 19. April 1873 vermählt an Marie, Tochter Ernsts v. Sachsen-Altenburg, welche geb. 2. Aug. 1854, ist Vater von Friedrich Heinrich geb. 15. Juli 1874, Joachim Albrecht geb. 27. Sept. 1876, Friedrich Wilhelm geb. 12. Juli 1880. — Alexandrine geb. 1842 ist seit 28. Juli 1879 Wittwe.

Wilhelm I. war Regent seit 26. Oct. 1857, selbstständig seit 8. Oct. 1858 wurde als erblicher Kaiser v. Deutschland 18. Jan. 1871 proclamirt, † 9. März 1888, sein Sohn Friedrich (in Preussen III.) schon 15. Juni 1888 und ihm folgt sein Sohn Wilhelm II. geb. 1859 verm. an (Auguste) Victoria, Tochter Friedrichs v. Holstein-Sonderburg-Augustenburg seit 27. Feb. 1881, welche geb. 22. Oct. 1858, ist Vater von (Friedrich) Wilhelm geb. 6. Mai 1882, Eitel Friedrich geb. 7. Juli 1883, Adalbert geb. 14. Juli 1884, August Wilhelm geb. 29. Jan. 1887, Oscar geb. 27. Juli 1888. — Von Wilhelm II. Geschwistern ist Charlotte seit 18. Feb. 1878 verm. an Bernhard v. Sachsen-Meiningen, welcher geb. 1. April 1851; Heinrich seit 24. Mai 1888 verm. an Irene, Tochter Ludwig IV. v. Hessen-Darmstadt, welche geb. 11. Juli 1866 und ist Vater von Waldemar geb. 20. März 1889; Waldemar ist 27. März 1879 gestorben; Sophie geb. 1870 hat 15/27. Oct. 1889 den Kronprinzen v. Griechenland „Herzog v. Sparta" geheirathet, welcher geb. $\frac{21. Juli}{2. Aug.}$ 1868; Margarethe ist 22. April 1872 geboren.

TAFEL CCXVIII.

Sophie heirathet bereits 14. Nov. 1446 und † 16. Mai 1487; ihre Schwester Marie (wenig bekannt?) geb. 1446 † jung; Anna Gattin Wenzel II. und Wittwe seit 17. Nov. 1464; Barbara heirathet 4. Mai 1465. — Friedrich wird 1518 Propst an der Cathedrale, erst 1535 Propst zu Haug; Wilhelm ist 29. Juni 1498 geboren, wird zwar vor 2. Feb. 1530 zum Bischof von Oesel gewählt, kann sich aber gegen den rechtmässigen Bischof nicht behaupten und muss sich dem richterl. Ausspruch v. 28. Juli 1533 fügen; der nachmalige Erzbischof v. Magdeburg heisst richtiger (Johann) Albert; Albert Friedrich ist 29. Nov. 1501 geboren.

Casimirs Gattin war eine Tochter Albert III. v. Baiern und verm. 25. Aug. 1518; ihre Tochter Marie (nach Kirchhofen) 21. Oct. 1537 vermählt; Cunigunde ist 17. Juni 1523, Friedrich wohl im Frühjahre 1525 geboren, aber noch gestorben.

Georg der Fromme erkaufte 15. Mai 1523 Jägerndorf, doch erst 29. Mai c. a. wurde der Kauf vollzogen und die Belehnung erfolgte in demselben Jahre, erwarb Oppeln und Ratibor als Pfand 1532 und nahm davon 2. April 1532 St. Pfandverschr. vom 17. Juni 1536 Besitz; seine erste Gattin wohl Sonntag 21. Jan. 1509 verm. † 1510 bei Geburt eines Kindes; Sophie war geb. 22. Jun. 1485 und heirathete 16. Nov. 1525 (vergl. Kraffert, Chron. v. Liegnitz II², p. 47); Catharinens Gatte ist (vergl. B. Schmidt, Burggr. Meissn. IV. v. Meissen etc.) Heinrich V. Reuss zu Plauen, Burggr. v. Meissen.

Albert geb. 1490 wurde zum Hochmeister 31. Dec. 1510 gewählt, nahm die Wahl 13. Feb. 1511 an und übernahm 16. die Regierung, seine erste Gattin war 1. Aug. 1504 geboren; sein Schwiegersohn Johann Albert I. war Sonnabend 23. Dec. 1525, eine Tochter Alberts 1528 todt geboren; Emerentia † nach 1537. — Albert Friedrich † 28. Aug. 1618, seine Tochter Marie ist Freitag 23. Jan. 1579, deren Bruder Albert Mittwoch 1. Juni 1580 geboren (vergl. Zeitschr. f. preuss. Gesch. 10, 89) und Sophie heirathet den Herzog v. Curland (vergl. Mitth. a. d. Geb. d. Gesch. Liv-, Esth- und Curlands VIII. 284) 2. Jan. 1609.

Als Anmerk. Lilienthal „histor. Beschr. d. Doms zu Königsberg p. 86" versichert, das Grabmal von Alberts erster Gattin Dorothea nenne ihre vier Töchter Louise, Lucie Dorothea, Catharine und Anna Dorothea.

TAFEL CCXIX.

Christian Ernsts erste Gattin würde richtiger Erdmuthe (Sophie) genannt sein. — (Christian) Heinrichs Tochter (Sophie) Magdalene war Gattin Christian VI.; ihre Schwägerin, Wittwe Georg Friedrich (II.) ist nach „Archiv f. Gesch. etc. v. Oberfranken VI, 30" in Schwaben 1739 gestorben, doch nach „Encyclop. v. Ersch. Gruber etc. Sect. I, Bd. 76 p. 305" bereits 17. Mai 1735; Albrecht (Wolfgang) fällt in der Schlacht bei Parma 29. Juni 1734; Friedrich Ernst war an (Christiane) Sophie v. Braunschweig Bevern vermählt; der Letzte seiner Linie war (Friedrich) Christian. — Friedrichs († 1763) Bruder war Wilhelm (Ernst), der Schwager (Carl) Eduard, die Tochter (Elisabeth) Friederike (Sophie).

REUSS.

TAFEL CXXX.

Nach neueren Forschungen ist Ahnherr des Geschlechts: Erkenbert v. Weida, urk. 1122 vorkommend und gest. 1. Aug. vor 1139 (nach Zeitschr. f. thür. Gesch. N. F. Bd. III, 445 ff. verm. an Jordana † 27. April, welche nach Alberti „ältest. Herrn v. Weida" Tochter Graf Sizzos, eines Bruders Bischof Walrams zu Naumburg [seit 1089 u. † 12. April 1111] gewesen wäre).

Heinrich I. d. Tapfere od. Fromme urk. erwähnt 1139—75, als dessen Frauen 1. Leukard, Tochter Burkards v. Lauterberg und 2. [illegible], Tochter Sizzos v. Käfernburg und der Gisela, genannt werden. — Erkenbert (II.) urk. mit dem Bruder 1143 erwähnt und vielleicht Ahnherr der etwa vor 29. März 1276 oder gewiss vor 25. Mai 1279 erloschenen Herren v. Strassberg, welche urk. als Cognati der Herren v. Plauen erscheinen.

Heinrich II. d. Reiche urk. 1180—[illegible] und 1193 als Stifter v. Mildenfurt † 8. Aug. vor 1209. Gem. Bertha (angebl. v. Tirol, wohl aber dem Hause Andechs-Meran angehörend) † 29. Sept. vor 4. Okt. 1209.

Heinrich III. Vogt v. Weida urk. seit 1209 wird nach 1219 Ritter des deut. Ordens und † 9. Juli wohl vor 1236. — Heinrich IV. der Mittlere, Vogt zu Weida seit 1209 und 5. Okt. 1231 als Senior, wird zwischen 25. Okt. 1237 und 14. Dez. 1239 Ritter des deutschen Ordens, erscheint 1251—1254 als Landmeister in Preussen, 1244 bis 7. Feb. 1249 nur als Vicelandmeister. Gemahlin Jutta, Gründerin des Klosters Cronschwitz, erscheint mit dem Gatten urkundlich 8. September 1238, wird um 1250 Priorin und lebt noch 1. Mai 1268. — Heinrich V. jun., Vogt zu Weida, später Vogt v. Gera, erscheint urk. 1209 [illegible] und † 29. Mai wohl vor 1251. Gemahlin Irmgard v. Waldenburg † 13. März.

Heinrich VI. senior, Vogt v. W., genannt Pfefferseck, urk. 19. März 1237 bis 21. Juli 1266 † 23. Sept., Gem. Beilike v. Hardegg † 18. Sept. — Tochter erscheint als Wittwe Alberts von Kodzau 26. März 1251.

Heinrich VII. senior, genannt d. Reiche, urk. 21. Juli 1250 bis 20. Dez. 1291, nach 1257 als Landrichter im Egerland † 24. Nov. verm. wahrscheinl. an Irmgard von Dewin, welche 24. Jan. starb. — Heinrich VIII. jun., genannt v. Orlamünde, urk. 1266—79 † 17. Sept. vor 11. Sept. 1280. Gem. Sophie, Tochter Hermann II. v. Orlamünde urk. 1254 bis 1. Juli 1250. (Von ihnen stammen alle späteren Vögte von Weida, worüber das Nähere im Jahresber. d. Ver. f. Hohenleuben No. 51 und dann erst [illegible] „Landes- u. Volksk. d. Fürstenth. Reuss p. 351.")

Heinrich I. Vogt zu Plauen, urk. seit 29. Mai 1244, seit 1271 senior, 1. Nov. 1271 d. Alte und 9. Jan. und 2. Mai 1291 als Landrichter im Plauener Lande, † zw. 6. Okt. 1303 u. 26. März 1304. Gem. 1. (wahrscheinl. Tochter Hermanns v. Lobdaburg u. verm. vor 20. Jan. 1253), 2. Cunigunde, Tochter Hugo III. v. Lützelburg, im Feb. 1250 bis 18. Jan. 1300 u. † vor 23. April 1302. — Heinrich I. Vogt zu Gera urk. 1265—69 u. † vor 1274. Gem. Leukart (vielleicht Schwester Hartmanns v. Hohlbrungen angeb. Erbin v. Pausa, Lobenstein u. Saalburg), als Wittwe 21. Aug. 1279 u. † wohl vor 1303. (Nachk. vergl. folg. Tafel.) — Heinrich v. Weida als Predigermönch urk. 9. Juni 1249 bis 24. Juli 1266, als Prior zu Erfurt 22. Okt. 1258 und 20. Juli 1269. — Heinrich erscheint als Domherr zu Magdeburg 17. Aug. 1266 u. † vor 17. Aug. 1301. — Tochter † im 7. Jahre.

Heinrich II. jun., Vogt zu Pl., gen. d. Böhme, urk. 1275 bis 22. April 1302. Gem. Catharina, Tochter Bernos v. Riesenburg † vor 21. Dez. 1302. — Heinrich I. Reuss, Vogt v. Pl. urk. 11. Aug. 1286 bis 4. Nov. 1292 u. † vor 12. Dez. 1295. Gem. (Marie Swihowsky?) [illegible] Tochter [illegible] IV., angebl. Schwester des Judas [illegible] Theobald). (Nachk. vergl. folg. Tafel.) — Heinrich von Plauen als Predigermönch zu Pl. urk. 1 Feb. 1294—14. Feb. 1301 und 24. Sept. 1295 als Prior. — Agnes erscheint als Priorin zu Cronschwitz 1301 u. 23. April 1302. — Mathilde war Nonne zu Cr. 23. April 1292 und Priorin urk. 20. Mai 1304 bis 14. Okt. 1306. — Noch eine Tochter als Nonne zu Cr. 23. April 1302.

Heinrich III. senior, Vogt v. Pl., genannt d. Lange urk. seit 24. Aug. 1302, wo er „v. Stoyburg" genannt wird, theilt mit d. Vetter 11. März 1306, erscheint urk. noch 16. Feb. 1347. Gem. Margarethe v. Seeburg (vielleicht Tochter Alberts zu Tachau im westl. Böhmen) † vor 28. Feb. 1323. — Heinrich v. Plauen erscheint als Ritter d. deut. Ord. 31. März 1316 bis 7. Okt. 1330 u. zuletzt als Comthur zu Reichenbach. — Heinrich von Plauen war Mönch zu Buch n. Urk. v. 28. Jan. 1332.

Heinrich IV. jun. v. Plauen urk. 25. Juli 1317 bis 17. Sept. 1346 und als Herr v. Mühltroff 19. Nov. 1362. Gem. Agnes, Tochter Conrads v. Schlüsselberg erben 18. Aug. 1343 und als Wittwe 11. Mai 1346 (angebl. später wieder verm. an Hermann III. v. Schönburg). — Heinrich junior seit 25. Juli 1317, erscheint als Domherr zu Magdeburg, Meissen u. Naumburg urk. 20. Feb. 1327 bis 16. April 1366. — Heinrich V. senior, Vogt v. Pl., genannt d. Lange urk. seit 11. Okt. 1320, schon 24. Juni 1357 Besitzer v. Mühltroff, was er 31. Okt. d. a. verkauft, nimmt dem Brudersohn seinen Antheil an Pl. n. Urk. vom 2? Mai 1350, einem Grdenn Auf. Sept. 1363 u. † vor 23. Aug. 1364. Gem. Irmgard, n. Urk. vom 28. Okt. 1349 Frau v. Plauen, jetzt v. Käfernburg, deshalb wohl keine geb. v. Käfernburg, sondern identisch mit der Wittwe Günther XIII. v. K. (doch vergl. die Nachträge zu Taf. CLII.) — Heinrich VI. jun. gen. d. Lange, Vogt v. Pl. u. urk. als Bruder 24. Juli und 16. Aug. 1340, † wohl bald nach 12. Dez. 1356, wohl 1357. Gem. Luitgard v. Neuenbeichlingen urk. 5. Feb. 1356, lebt noch 24. Juli 1373. — Catharina war n. Urk. vom 15. Mai 1319 Gattin Heinrich XI. v. Weida, allein vor 1. März 1328 verstorben, während Heinrich wieder an Catharina v. Schönburg vermählt war und noch 29. Juli 1362 am Leben.

Heinrich war 25. Dez. 1353 geb. und † wohl bald nachher, jedenfalls vor 6. Feb. 1356. — Heinrich VIII. der Junge, bereits 1350, wird wirklicher Besitzer v. Plauen und erscheint mit der Mutter noch 24. Juli 1373.

Heinrich VII., genannt der Lange und v. Pl., zu Auerbach, lebt noch 8. Aug. 1389. Gemahlin Sophie, Tochter Heinrich XI. zu Weida, erscheint urkundl. im Sept. 1383. — Dorothea und Barbara erscheinen als Nonnen zu Cr. Anf. Sept. 1383 bis 18. Sept. 1403. — Heinrich erscheint im Sept. 1383 als Mönch zu Pegau. — Heinrich IX. geb. etwa 1380 und urkundl. 1387 bis gegen Aug. 1414 und jedenfalls 2. Aug. schon todt. Gemahlin Anna (Tochter Baron's v. Riesenburg, † vielleicht zw. 1411 u. 14.

Heinrich war 9. Nov. 1410 bis 14. Okt. 1413 Hochmeister d. deut. Ord., dann mehrere Jahre gefangen, 1422 frei und † als Pfleger zu Lochstädt gegen Ende des Jahres 1429. — Heinrich war Nov. 1410 bis 14. Okt. 1413 Comthur zu Danzig und noch 1429 am Leben, doch nach B. Schmidt „Burggr. Heinr. IV. etc." noch 1440 und Ordensspittler seit 1437. — Heinrich X. (I.) urkundl. seit 2. Aug. 1414 bis 7. Mai 1446, bald nach 1380 geboren, Burggraf v. Meissen seit 21. Juli 1426 und gest. einige sechzig Jahre alt. Gem. Margarethe v. Hakeborn, vermählt zw. 1400—10 (vielll. in zweiter Ehe verm. an Anna Hedwig v. Sternberg). — Anna wird als Aebt. zu Quedlinburg conf. 2. April 1435, † 16. Jan. 1458.

Heinrich II. geb. etwa 1415—16 und urk. 14. Sept. 1428 bis 2. Mai 1482. Gem. Anna, wird erwähnt 1450—1460. — Anna † vor 7. Okt. 1461 und wurde wohl vor 8. Feb. 22. April 1432 verlobt an Veit II. v. Schönburg, welcher geb. 1418, angeblich 1420 vermählt und 1472 gestorben. — Margarethe lebt noch 1478. Gem. Heinrich Kruschina v. Schwanberg, verm. vor 14. Okt. 1429 u. † um 1446.

Heinrich III. urk. seit 1450 und gest. 1519 einige siebzig alt. Gem. 1. Mathilde, Tochter Heinrichs v. Schwarzburg-Leutenberg, welche dem jungen Fürsten Heinrich, Burggraf zu Meissen, 1479 eheliche angetraut und Donnerstag vor Fastnacht (18. Feb.) zu Königswart beigelegt worden, † um 1500. 2. Barbara, Tochter, Waldemar VI. v. Anhalt geb. 1495, vermählt 25. Nov. 1502, † zw. Aug. 1508 und 8. Feb. 1533 als Gattin Johann jun. v. Kolowrat auf Maschau. — Dorothea lebt noch Aug. 1525. Gem. Alexander von Leisnig zu Penig. † 1528. — Tochter dem Wenzel oder Wenzel von Lobkowitz-Hassenstein erscheint als Heinrich III. Schwager 27. Februar 1515. — Nach älteren Nachrichten: Marie vermählt 14. Nov. 1501 an Jaroslav von Lobkowitz-Hassenstein zu Gilfeiwy, welcher 1529 stirbt. — Catharina vermählt an Jaroslav von Schellenberg. — Euphrosyne Gem. Friedrichs von Edler auf Smilhausy etc. † 1526 als Gem. Gulliaus Kapliř von Sulevic.

Tochter vermählt an N. von Lobkowitz-Hassenstein. — Ludmilla erst Nonne zu Leipzig, später Klosterin zu Engelstadt, lebt noch 1541. — Heinrich der Unächte, Sohn der Margarethe Pichler, geb. 1508, kommt ins Gefängniss 15. Okt. 1540, † vor 29. April 1560. — Anna geb. 1504 war zu Gernrode Aebt. seit 1522, † 10. März 1548. — Heinrich geb. vor 25. Mai 1509, † jung. — Heinrich IV. geb. wohl 1510 oder aber 25. Aug. ?) † 19. Mai 1554. Gem. Margarethe, Tochter Nicolaus II. v. Obersalm schon urk. im Aug 1529. — Heinrich geb. vor 1515, † 1519. — Margarethe geb. vor 1515, † zw. April 1553 u. 1556. Gem. Bohuslav Felix v. Lobkowitz u. Hassenstein zu Lichow geb. 14. Jan. 1517, verm. wohl Anf. 1535, † 27. Aug. 1583 als Gemahl Annas v. Vitzthum zu Egerberg.

Alles übrige im Hauptwerk. Heinrich IV. Söhne sind Heinrich V. und Heinrich VI., da Dr. Schmidt zu Schleiz nachweist, dass ein Burggraf erwählt gewählt worden ist. Von Heinrich V. liegen zwei Söhne zu Plauen, einer (vielleicht der 1569 geborene) zu Schleiz begraben.

TAFEL CXXXI.

Heinrich I. Vogt v. Gera, urk. 1243—1260, † vor 1274. (vergl. vorstehende Tafel.)

Heinrich II. senior, Vogt zu Gera urk. 1274 bis 31. Dec. 1306. Gem. Irmgard ? Urkunde von 1301 (ob v. Hohnstein? oder Leiningen, da ihn der Bischof zu Bamberg 1276 affinis nennt?

Heinrich III. jun., Vogt v. Gera urk. 1274—1306 und † vor 20. Juni 1309.

Zwei Töchter waren 1306 Nonnen zu Cronschwitz.

Heinrich v. Gera erscheint 1309 bis 18. August 1333 als Predigermönch zu Plauen.

Heinrich v. Gera, Ritter des deut. Ord., urk. 30. Juni 1294 bis 24. Aug. 1320 und erscheint als Comthur zu Elbing, Grosscomthur, Landcomthur zu Kulm, Comthur zu Engelsburg.

Heinrich v. Gera erscheint als Prior d. Predigermönche zu Plauen urkundl. 20. Mai 1305 bis 18. Jan. 1318.

Heinrich IV. senior, der Alte, Vogt zu Gera 1307 bis 14. Sept. 1343 (urkdl. [illegible] 1329 der Aeltere). Gem. Sophie aus dem Geschlechte d. Schenken von Dornburg, aus dem Stamme Dorer von Vargula urk. 1328 bis 8. Dec. 1331.

Mathilde Gem. Friedrich III. v. Schönburg zu Glauchau und Lichtenstein, Wittwer d. Agnes v. Obrau, vermählt vor 16. Juni 1327, † [illegible] vor 1326, gewiss vor 22. Nov. 1336.

Tochter erscheint in der Urkunde v. 5. Sept. 1318 als Gattin Friedrichs v. Thegau.

Heinrich V. jun., V. v. Gera urk. 24. Juni 1309 bis 4. Juli 1377, urk. [illegible] 1344 d. Aelter od. Alte, 1317 als Landrichter im Osterland u. Pleissen, † wohl 8. Dec. 1377. Gem. Mathilde, Tocht. Günther VIII. v. Käfernburg, verm. wohl 1300, † 25. Mai wohl 1376.

Heinrich v. Gera war Ritter des deut. Ord. urk. 15. März 1323 bis 15. Jan. 1344 und war urkundl. 13. Mai 1323 Comthur zu Reichenbach.

Catharina erscheint [illegible] 1327 als Gattin Günther XV. v. Schwarzburg.

Agnes und Irmgard erscheinen als Nonnen zu Cr. 31. August 1328 bis 27. August 1334.

Eva und Adelheid ungebl. erwähnt 1333.

Tochter vermählt an N. von Tanneroda (ob ohne jene Irmgard, welche 1369 als Gattin Conrads zu Strassenfurt, vergl. v. Mogha „Nachrichten üb. Mädie aus den Kreisen Weissensee pag. [illegible]"?

Ilse erscheint als Unterpriorin 20. Oct. 1369, als Nonne u. zugleich Schwestertochter Heinrich V. 17. Feb. 1318 u. als Priorin zu Cronschwitz 1306.

Heinrich VI. geb. 3. Mai 1341, † wohl Ende 1418, gewiss vor 9. Juli 1420. Gem. 1. Else, Tochter Heinrich XII. v. Schwarzburg zu Arnstadt, verm. vor 4. Dec. 1367, † nach 28. Mai 1389. 2. Lutrud, Tochter Dietrich VII. v. Hohnstein zu Heringen [illegible] vom 24. Jan. 1402, lebt noch 1452.

Ilse verm. an Heinrich den Aeltern zu Weida R. Contr. von 1358, welcher vor 13. März 1369 starb.

Sophie verm. an Heinrich III. von Reichlingen, welcher 1366 starb.

Luitgardis † vor 29. Aug. 1418 und verm. an Otto VIII. von Orlamünde zu Lauenstein vor 17. Jan. 1370, der wohl auch 25. Februar 1404 starb.

Dorothea † zw. 6. Dec. 1407 u. 1411. Gem. 1. Heinrich v. Truhendingen vor 27. März 1367, † zw. 6. Dec. 1379 und 3. Juli 1380. 2. Heinrich V. zu Ronneburg, vermählt nach 1380, † vor 17. Mai 1398.

Anna erscheint 17. Febr. 1370 als Nonne und 1385—1410 als Priorin zu Cronschwitz.

Heinrich † wohl bald nach 1383.

Anna war 1416 Nonne zu Cr.

Mathilde war 1406 Nonne, 1416 Priorin zu Cr.

Heinrich VII. † Ende 1414. Gem. Margarethe, Tochter Johann II. von Wertheim, verm. 20. Nov. 1412.

Else war verm. u. † nach 2. Mai 1426 (vielleicht Gattin Heinrich XXII. v. Schwarzburg Leutenberg, denn aber 1424 Wittwe u. noch 1440 am Leben).

Jutta war 2. Mai 1426 gleichfalls verm. doch an wen?

Heinrich VIII. zu Burgk geb. 3. März 1401, † vor Apr. 1426, vermählt an Wilburg von Schwarzburg-Leutenberg, deren Vater unbekannt blieb, vor 2. Mai 1426.

Heinrich IX. zu Lobenstein geb. 14. Januar 1406, † vor 21. Aug. 1462. Gem. Mathilde, Tocht. Günther XXXII. von Schwarzburg-Leutenberg, verm. vor 1435 u. lebt noch 24. April 1455, stirbt aber mehr als 20 Jahre vor dem Gatten.

Anna lebte 1417 zu Cronschwitz und † als Nonne nach 18. Juni 1462.

Heinrich X. zu Gera geb. 11. Oct. 1415, † vor 14. Feb. 1450. Gem. Anna, Tochter Georg I. v. Henneberg-Aschach zu Römhild, geb. 1424, verm. [illegible] v. 3. Dec. 1439, vor 24. Juni 1440, † bald nach 1467.

Heinrich und Heinrich werden noch 1422 erwähnt.

Agnes, Frau von Burgk und gestorben nach 1461, auch vermählt an einen Schenk v. Tautenburg, ist als Tochter Heinrich VIII. noch fraglich?!

Heinrich XV. angeblich 1416 gestorb., möglicherweise noch 7. Aug. 1500 am Leben, denn hier lassen die Urkunden Vieles zweifelhaft.

Margarethe † vor 1497 und vermählt Michaelis 1462 an Ernst IV. von Hohnstein zu Lohra, welcher 1508 als Gemahl der Felicitas v. Reichlingen starb.

Ilse.

Heinrich XI. erscheint als Domherr zu Cöln 1446 und April 1454.

Heinrich XII. senior zu Gera und Langenburg etc. seit 23. August 1462. † 1500.

Heinrich XIII. der Mittlere zu Schleiz etc. seit 1462 † 24. Aug. 1500. Gem. Hedwig, Tochter Wolrad II. v. Mansfeld zu Heldrungen, vermählt am 1477.

Heinrich XIV. zu Lobenstein † etwa 1500.

Tochter erscheint 1478 als Gemahlin Bernhards v. Torgau.

Brigitte † nach 1500. Gem. 1. N. (vielleicht Heinrich IV.) v. Schönburg zu Glauchau. 2. Heinrich XXV. v. Schwarzburg-Leutenberg, geb. 1412, vermählt angeblich 1433. † 1463.

Heinrich XVI. zu Gera, seine zwei Frauen, wovon Anna verm. 1515 † 7. Jan. 1542 und zwei Töchter sind im Hauptwerk einzusehen.

Heinrich XVII. zu Schleiz † 7. Aug. 1550. Gem. 1. Ludmilla v. Lobkowitz und Hassenstein, vermählt 1511 † 1532. 2. Margarethe N. Urkunde vom 19. Juli 1534 † 1540. 3. Margaretha, Tochter Johann Heinrichs v. Schwarzburg-Leutenberg, geb. etwa 1520, vermählt 6. Mai 1550, † 18. März 1551 als Gattin Otto II. v. Braunschweig zu Harburg.

Catharina geb. etwa 1474, † nach 7. Juli 1502. Gem. Heinrich XI. Reuss zu Greiz, verm. 1496, † vor 7. Juli 1502.

Tochter verm. an N. v. Schellenberg.

Peter und Margarethe vergl. B. Schmidt „Burggr. Heinrich IV. v. Meissen p. 240."

Brigitte † vor 1544. Gem. Nicolaus IV. v. Lobkowitz und Hassenstein zu Andlitz, vermählt vor 1516, † 28. Jan. 1534.

Anna Priorin zu Cr. seit 1533, † 1552.

Heinrich I. Reuss Vogt v. Pl. urk. 1266—1292 und † vor 12. Dec. 1295. (laut vorstehender Tafel.)

Heinrich II. Reuss jun., V. v. Pl. erscheint 14. Feb. 1291 und heisst 24. Aug. 1307 genannt v. Schwarzburg, theilt mit d. Vetter 11. März 1306 und erhält Greiz, Ronneburg, Reichenbach etc., erscheint als Hauptmann zu Meissen, im Oster- u. Pleissnerlande, capitaneus generalis d. Markgrafen und im Nov. 1324 Vormund etc., erscheint zuletzt 15. Oct. 1349. Gem. 1. Sophie (v. Schwarzburg??) urk. 12. Aug. 1312, 2. Salome, Tochter Heinrichs v. Gingen u. Mathildens und urk. Jan. 1329 bis 16. Juli 1355.

Heinrich Reuss erscheint als Ritter des deut. Ordens 11. Mai 1317 bis 17. März 1339, bald als Comthur zu Engelsburg, Heinr. Kompan des Hochmeisters, Landcomthur zu Kulm, zuletzt Grosscomthur.

Tochter wurde Gattin Albrechts v. Hackeborn.

Heinrich Reuss erscheint 24. Sept. 1327 bis 11. Oct. 1330 und stirbt vor 26. Jan. 1350.

Heinrich III. Reuss, Senior, V. v. Pl. urk. 22. Sept. 1334 † vor 1394. Gem. Agnes, Tochter Otto v. Leisnig u. Penig verm. vor 4. März 1355.

Heinrich IV. zu Ronneburg † 25. Juli 1393.

Heinrich V. zu Ronneburg † vor 12. Mai 1398. Gem. Dorothea, Tochter Heinrich V. zu Gera, verwitt. v. Truhendingen verm. nach 1380 † zw. 1407 u. 1411.

Tochter war schon 22. Nov. 1340 Gattin Hermann V. v. Schönburg-Crimmitschau, welcher 1365 starb.

Tochter war wohl verm. an einen Reck v. d. Heyde.

Barbara erscheint als Nonne zu Cronschwitz 1350, als Priorin 1391 und 1408.

Dorothea erscheint als Nonne 1350 u. war wie die Schwester noch 18. Sept. 1409 am Leben.

Magdalene, Gem. Günther XXII. v. Schwarzburg-Leutenberg, angeblich 1365 verm. u. † im Juli 1392.

Salome erscheint urk. 1. Juni 1344, soll an einen Herzog von Auschwitz verm. gewesen sein u. lebte noch 1365.

Heinrich VI. † nach 1414. Gem. Cunigunde v. Lobdaburg-Elsterberg, verm. vor 14. Feb. 1378, lebt noch 28. Nov. 1395 und † vor dem Gatten.

Heinrich VII. † vor 8. Juni 1426. Gem. 1. Mathilde v. Schönburg, 2. Irmgard, Tochter Albert III. v. Kirchberg, verm. 1400, und lebte noch, genannt Frau von Werda, 18. Juni 1443.

Heinrich VIII. d. Alte zu Greiz † bald nach 1449.

Heinrich erscheint 1420 bis 1445 als Ritter d. deut. Ord., zuletzt als Grosscomthur und oberster Spittler.

Anna † um 1427. Gem. Oswald v. Truhendingen † 1434.

Heinrich IX. zu Unter-Greiz † um 1435. Gem. Magdalene, Tochter Erkingers v. Schwarzenberg, welche den Gatten überlebt.

Heinrich geb. 1418 wurde Ritter d. deut. Ord., zuletzt im April 1451 Statthalter u. 20. Oct. 1469 Hochmeister † 2. Jan. 1470.

Tochter war verm. an N. von Eritchshausen. (Ueber ihren Sohn vergl. Hauptwerk.)

Luitgardis war Gattin Friedrich V. von Orlamünde, welcher nach 2. Oct. 1486 starb.

Heinrich X. zu Ober-Greiz und Kranichfeld † kurz vor 2. Mai 1462.

Heinrich XI. senior zu Greiz † vor, seine Gattin Catharina v. Schleiz nach 7. Juli 1502 u. war d. Schwiegersohn wirklich 1469 geboren und vergl. Hauptwerk.

Heinrich XII. geb. 1467 wurde Domherr u. 1491 Propst zu St. Peter in Mainz † 1[illegible]. Dec. 1520.

Heinrich XIII. zu Kranichfeld resign. 1529 † 1535. Gem. Catharina v. Gleichen-Honda † kurz vor 15. März 1536 (das Weitere vergl. Hauptwerk).

Heinrich † jung.

Margarethe Gem. Ludwig Schenk zu Tautenburg verm. wohl zw. 27. März 1471 u. 27. Juni 1476.

Magdalene und Anna und ihre Ehen vergl. Hauptwerk.

Heinrich XIV. erscheint als Ritter d. deut. Ord. 1485 bis 1507.

Heinrich XV. war 1505 Domherr zu Cöln.

Heinrich XVI. ist seit 1502 im Besitz von Greiz, erscheint 1515 mit der zweiten Frau, welche sich wieder verheirathete, doch wiederum Wittwe noch 1545 am Leben war (vergl. Hauptwerk).

TAFEL CXXXII.

Heinrich d. Friedsamen Schwiegersohn Georg v. Schönburg [illegible], Heinrich zu Obergreiz nach Schleiz, Heinrich I. zu Gera nach Lobenstein. — Heinrich II. zu Burgk seit 1566 führte den Beinamen der Lange, seine Schwiegertochter Anna Magdalene v. Schönburg starb schon 1615.

Heinrich V. zu Unter-Greiz († 1604) war an die Tochter Hugo I. v. Schönburg-Hartenstein verheirathet, die Tochter Eva † 17. Juli 1626, der Schwiegersohn war Wolfgang III. v. Schönburg-Penig und die Schwiegertöchter wurden die Töchter des Wild- und Rheingraf Friedrich zu Salm und Neufville; der Enkel Heinrich V., Heinrich II. zu Burgk († 1697) theilte 1680 mit seinen Brüdern und wurde mit ihnen 26. Aug. 1673 in den Reichsgrafenstand erhoben. Heinrich V. zu Rothenthal Ehevertrag war nur vom 15. Feb. 1678.

TAFEL CXXXIII.

Heinrich I. war Reichsgraf seit 26. Aug. 1673, seine erste Gattin † 21. Feb. [illegible] 1667 und die 1671 geborene Tochter würde richtiger Clara Dorothea (Henriette) genannt sein. — Heinrich XI. geb. 1722 wurde Reichsfürst lt. Diplom vom 12. Mai 1778; die Gattin Heinrich XIX. Gasparine war 1799 geboren u. starb 27. Juli 1871, ihre älteste Tochter Louise 29. Mai 1875, deren Schwager war Carl Egon III. v. Fürstenberg. — Heinrich XX. Wittwe † 16. Jan. 1872.

Heinrich XXII. heirathete 8. Oct. 1872 Ida, Tochter Adolphs v. Schaumburg-Lippe, welche geb. 28. Juli 1852 und ist Vater von Heinrich XXIV. geb. 20. März 1878, Emma geb. 17. Jan. 1881, Marie geb. 26. März 1882, Caroline geb. 13. Juli 1884, Hermine geb. 17. Dec. 1887. — Marie geb. 1855 hatte Friedrich v. Isenburg-Büdingen zu Meerholz 20. Juli 1875 geheirathet, welcher geb. 10. Aug. 1847 u. 29. März 1889 gestorben.

TAFEL CXXXIV.

Heinrich I. zu Gera und Lobenstein (vergl. Uebersicht.) Schwiegersohn ist Hugo II. v. Schönburg-Hartenstein und dessen Schwager Heinrich II. Posthumus erwirbt 1616 Schleiz, seine erste Gattin ist 26. Dec. 1573 geboren, Magdalena, seine zweite † 22. April 1639 und wird 16. Juni [illegible] begraben, der Schwiegersohn David v. Mansfeld zu Schraplau starb 27. März 1628; Heinrich III. wohnte nur zu Schleiz und seine Gattin war eine Tochter Friedrichs, Wild- und Rheingrafen zu Salm und Neufville. — Heinrich IV. zu Gera wurde 26. Aug. 1673 Reichsgraf, Juliane Dorothea, seine Schwester † 4. März 1686.

Heinrich I. erhielt in der Theilung 6. Dec. 1681 Saalburg, erst 1692 Schleiz und war Reichsgraf seit 26. Aug. 1673 und waren seine beiden ersten Frauen Gräfinnen v. Hardegg. — Heinrich XI. zweite Frau war 3. Jan. 1679 geboren, seine Schwägerin wäre richtiger (Marie Eleonore (Emilie) zu schreiben; Heinrich XI. Enkelin, älteste Tochter Heinrich I. war Emilie (Dorothea Henriette). — Heinrich XII. zweite Frau Christine (Ferdinande) und Heinrich XII. Schwiegertochter Caroline (Henriette). — Heinrich LXVII. Wittwe † 25. Juli 1886, ihr Schwiegersohn Adolph 8. Sept. 1874; ihre Schwiegertochter (Louise) Agnes 10. Juli 1886. Heinrich XXVII. hat 11. Nov. 1884 Elise, Tochter Hermanns v. Hohenlohe-Langenburg geheirathet, welche geb. 4. Sept. 1864 (er ist Vater von Victoria geb. 21. April 1889); Elisabeth heirathet 17. Nov. 1887 Hermann v. Solms-Braunfels, Wittwer Marianne v. Solms-Braunfels, welcher geb. 6. Oct. 1845.

TAFEL CXXXV.

Louise (Henriette Maximiliane) † 1736, von ihrer Schwester (Sophie Marie) Helene stammen alle Grafen und Fürsten v. Lynar; Heinrich LXXV. geb. 3. † 24. Dec. 1880; Heinrich XVIII. geb. 1847 hat 12. Nov. 1886 Charlotte, Tochter Wilhelms v. Mecklenburg-Schwerin geheirathet, welche geb. 7. Nov. 1868 und ist Vater von Heinrich XXXVII. geb. 1. Nov. 1888 und Heinrich XXXVIII. geb. 6. Nov. 1888. — Heinrich XIX. geb. 1848 hat 25. Juni 1887 Marie, Tochter des Herzogs v. Ujest, Hugo v. Hohenlohe-Oehringen geheirathet, welche geb. 25. Juli 1862. — Heinrich XX. geb. 1852 verzichtete auf die fürstliche Würde, wurde vom regierenden Fürsten als Harry v. Reichenbach in den Freiherrnstand 13. Nov. 1879 erhoben, heirathete schon 17. Aug. 1879 Clotilde Reuss genannt Loisset und starb 8. Sept. 1884.

Heinrich XXXVIII. geb. 1748 war in zweiter Ehe an die Erbin v. Burkersdorf etc. verheirathet. — Heinrich IX. (geb. 1711) Schwiegersohn Eberhardt v. Stolberg etc. † 8. Aug. 1872; Heinrich LXXIV. geb. 1798, am 22. Feb. 1886, dessen Schwiegertochter ist Anna, Tochter Augusts zu Zülowsdorf (von ihren Kindern ist Heinrich XXIII. geb. 1855 am 6. April 1880 gestorben; Heinrich XXVI. geb. 1857 seit 10. Nov. 1885 verheirathet mit Victoria, Tochter Graf Adolphs v. Fürstenstein, welche geboren 11. Sept. 1863 und führen ihre Nachkommen den Titel Grafen etc. v. Plauen; Marie geb. 1860 hat Heinrich v. Wintzleben auf Alt-Döbern geheirathet, welcher geb. 12. April 1856). — Heinrich XXV. geb. 1856 hat Elisabeth, Tochter Friedrichs v. Solms-Laubach 29. Aug. 1886 geheirathet, welche geb. 22. Oct. 1867 und ist Vater von Emma Elisabeth geb. 25. Aug. 1887. — Elisabeth, Tochter Heinrich LXXIV. und 1830 geboren hat 27. Mai 1880 Heinrich XXIV. Reuss-Köstritz geheirathet, welcher geb. 1855; Helene geb. 1864 ist 8. April 1876 gestorben. — Johanna v. Schönaich-Carolath geb. 1880 † 14. Juli 1878; ihr Schwager Friedrich Franz II. v. Mecklenburg-Schwerin 15. April 1883, ebenso Heinrich IV. Gattin Louise 29. Mai 1873, deren Sohn Heinrich XXIV. geb. 1855 hat Elisabeth, Tochter Heinrich LXXIV. 27. Mai 1884 geheirathet, welche geb. 1859, ist Vater von Regina geb. 4. April 1886, Sibille geb. 26. Sept. 1888.

Heinrich VII. geb. 1825 hat 6. Feb. 1876 Marie, Tochter Carl Alexanders v. Sachsen-Weimar geheirathet, welche geb. 20. Jan. 1849, ist Vater eines todten Prinzen geb. in d. Nacht 15.—16. Jan. 1877, von Heinrich XXXII. geb. 4. März 1878, Heinrich XXXIII. geb. 26. Juli 1879, Johanna geb. 8. Juni 1882 † 15. Juni 1883, Sophie Renate geb. 27. Juni 1884, Heinrich XXXV. geb. 1. Aug. 1887. — Heinrich XVII. geb. 1839 † 16. Aug. 1870. — Heinrich XXVIII. geb. 1830 hat Magdalene, Tochter Friedrichs v. Solms-Laubach 15. Sept. 1884 geheirathet, welche geb. 11. Dec. 1862, ist Vater von Heinrich XXXIV. geb. 4. Juni 1887, Heinrich XXXVI. geb. 10. Aug. 1888.

Heinrich XLIII. (vergl. Nachtr. Heinrich VI. † 1783) ist 26. April 1752 geboren, eine angebliche Schwester von ihm geb. u. † 20. März 1756. — Heinrich XLIII. Sohn Heinrich LIX. 18. Jan. 1794 gestorben (vergl. Nachr. üb. d. Familiengruft im 54. u. 57. Jahresber. d. Ver. zu Hohenleuben). Clementine geb. 1789 † 1. Mai 1870, Heinrich LXIX. geb. 1792 am 1. Feb. 1878, seine Gattin Mathilde schon 29. Dec. 1877, Adelheid geb. 1794 am 15. April 1878.

TAFEL CXXXVI.

Heinrich X. Schwiegersohn ist Johann Albrecht Kfinsky v. Rotern etc.; Heinrich III. war seit 26. Aug. 1673 Reichsgraf; dessen todt geborener Bruder ist 1684 geboren; Heinrich VI. geb. 1653 starb 6 Tage nach der Grossmutter (demnach 24. April) und wurde mit derselben (vergl. Ferd. Hahn „Gesch. v. Gera p. 460") 16. Juni 1686 zu Gera beigesetzt; Heinrich VIII. erste Gattin geb. v. Bodenhausen zu Mühltroff war geb. 27. Juni 1650 und vermählt 3. März 1678. — Heinrich XV. (geb. 1673) Tochter geb. 1717 würde richtiger Marie (Albertine) Auguste genannt sein. — Heinrich XVII. geb. 1670 war verm. an Eleonore Sophie, welche geb. 20. März 1677; die Gattin Heinrich XXIII. war eine Tochter Rud. Caspars v. Bibersthal, der Schwiegersohn Wilhelm v. Beauregard 2. Jan. 1717 geboren.

TAFEL CXXXVII.

Heinrich XXIX. war vermählt an (Sophie) Theodora, seine Schwestern sind (Benigna) Marie geb. 1695, Erdmuthe (Dorothea) geb. 1708, Henriette Bibiana verm. an Georg Adolph v. Marschall (und Bibersteln?), Sophie (Albertine Dorothea) geb. 1703, Ernestine (Eleonore) geb. 1705. — Sophie Auguste geb. 1728 war an Ludwig (Carl) v. Schwartzenbach etc. verheirathet, welcher wohl 1724 geboren war und 12. Aug. 1763 starb. Die 1739 geborene Gräfin sollte richtiger Christiane Eleonore genannt sein. — Heinrich LI. geb. 1765 war mit Louise (Gevrielle) etc. verheirathet und seine Tochter Adelheid starb 25. Juli 1880.

SACHSEN. WETTIN.

TAFEL CXXXVIII.

Dietrich de tribu Buzici ist Agnat des Markgrafen Ribdag v. Meissen und Mitstifter v. Gerbstädt, ...

TAFEL CXXXIX.

(In der Ueberschrift.) Conrad der Grosse von Meissen und Niederlausitz † 1157, ...

TAFEL CXL.

Die Söhne Heinrichs besitzen urk. noch 1069 Albert Thüringen, Dietrich d. Weise Landsberg. ...

TAFEL CXLI.

Sigmund wurde zum Bischof gewählt Sonnabend 16. Jan. 1440; ...

TAFEL CXLII.

Widonia geb. 1416 trennte sich von Erich II. ...

TAFEL CXLIII.

Johann Georg II. Tochter keine richtiger Erdmuthe (Sophie). — — Maria Amalie v. Spanien geb. 1724 † 27. Sept. 1760; ...

Ehe Felicie de la Trémouille geheirathet; Albrechts v. Tourbon Tochter wäre nach Wolfsgruber „Die Kaisergruft bei d. Kapuzinern in Wien p. [illegible] ff.“ 16. geboren und 12. Mai 1767 gestorben; Clemens (Wenzel) war seit 8. Mai 1770 Coadjutor und erst seit 1787 Propst zu Ellwangen.

Amalie geb. 1794 † 18. Sept. 1870; Friedrich August II. Wittwe 13. Sept. 1877; Leopold II. v. Toscana 29. Jan. 1870; König Johann 29. Oct. 1873, seine Wittwe 8. Nov. 1877, deren ältester Sohn ist König Albert, sein Bruder Prinz Georg, Wittwer seit 5. Feb. 1884. Nun sind noch geboren Max 17. Nov. 1870 und Albert 25. Feb. 1875 und Marie Josephe geb. 1867 ist seit 2. Oct. 1886 vermählt an Otto v. Oesterreich, welcher geb. 21. April 1865. — — Elisabeths (geb. 1830) zweiter Gatte ist 29. Nov. 1882 gestorben; Margarethens (geb. 1840) Gatte in zweiter Ehe Wittwer, in dritter vermählt an Maria Theresa v. Portugal; Sophiens Gatte Herzog Carl Theodor wieder vermählt an Marie Josephe v. Portugal.

Als Ergänzung zu Anmerk. 1. Ludwig (Rupert Joseph Xavier) † als Abbé in der Diöcese Troyes 22. Aug. 1782; Clara † 18. Nov. 1766; Elisabeth war seit 8. Nov. 1787 Gattin Heinrich (Thomas Carlo de Frolanne) Herr. v. Bailignac, welcher geb. 1762; Marie Anne war seit 1834 Wittwe u. † 24. Dec. 1845; Beatrix war 1. Feb. 1772, Cunigunde 18. März 1774, Christine 26. Dec. 1775, ein todter Graf 22. Dec. 1777, Cäcilie 17. Dec. 1779 geboren, letztere 24. Juni 1781 gestorben. Ueber die Familie des Prinzen Xavier ist noch zu vergleichen Thévenot „*Corresp. inédite du Prince Xavier de S.*“ — — Als Ergänzung zu Anmerk. 2: Das Tagebuch ist auch abgedr. v. Weber „Archiv f. sächs. Gesch. VIII. p. 19.“

TAFEL CXLIV.

(Johann) Adolph I. und seine Söhne bezogen Weissenfels und Querfurt, Heinrich und sein Sohn Georg Albert nur Barby; Alberts Gattin Christiane (Therese) starb als Wittwe von Philipp (Erasmus) v. Liechtenstein. — (Johann) Adolph II. heirathete in erster Ehe (Johannette) Antonie etc. und seine Nichte den Herzog v. Curland persönl. 5. Jan. 1731. — — Sibille Marie v. Merseburg war 28. Oct. 20. [illegible] 1667 geboren.

TAFEL CXLV.

Johann Friedrich II. v. Gotha Sohn geb. 1563 würde richtiger Friedrich (Heinrich) genannt sein. — — Friedrich Wilhelm II. zu Altenburg Schwiegersohn war (Johann) Adolph I. etc.

TAFEL CXLVI.

Johann Wilhelms zu Eisenach zweite Frau hiess richtiger (Christine) Juliane, die dritte war eine Tochter (Johann) Adolph I. und die vierte 29. Dec. 1680 geboren. Von seinen Töchtern starb (Charlotte) Wilhelmine 1770; war (Johannette) Antonie an (Johann) Adolph II. und (Caroline) Christine an Carl I. v. Hessen-Philippsthal vermählt. Wilhelm Heinrichs zweite Gattin war eine Tochter Albert Friedrichs.

Ernst August I. Schwester heisst richtiger Eleonore Christiane, seine Tochter Ernestine (Auguste) war 8. Jan. 1740 geboren und sein Schwiegersohn war Philipp Ernst v. Schaumburg-Lippe. — Carl (Augusts geb. 1757) älteste Tochter war Louise (Auguste Amalie), Carl Friedrichs ältester Sohn Carl ist geb. 1818 † 1828, die Tochter Marie † 18. Jan. 1877, deren Gatte 21. Jan. 1883, Auguste ist Wittwe Wilhelm I. v. Preussen, Kaisers v. Deutschland, seit 9. März 1888. — Carl August geb. 1844 hat seine Cousine Pauline v. Sachsen-Weimar 26. Aug. 1873 geheirathet, welche geb. 1852, und ist Vater von Wilhelm Ernst geb. 10. Juni 1876, Bernhard geb. 18. April 1878. — Marie geb. 1849 hat Heinrich VII. Reuss Köstritz 6. Feb. 1876 geheirathet, welcher geb. 14. Juli 1825; Elisabeth geb. 1854 Johann Albrecht v. Mecklenburg-Schwerin 6. Nov. 1886, welcher geb. 8. Dec. 1857.

Die Gattin Eduards (geb. 1823), Tochter Carls Gordon-Lennox, wird zur Gräfin 28. Nov. 1854 ernannt. — Gustav geb. 1827 war verheirathet seit 14. Feb. 1870 mit Freiin Pierina v. Neuperg, geb. Marocchi, Edle von Marvalni, welche geb. 29. Juni 1847 und 27. April 1879 gestorben. — Amalie geb. 1830 stirbt 1. Mai 1872 und ihr Gatte 13. Jan. 1879 als (General) Marine v. Preussen. — Pauline geb. 1852 ist Gattin ihres Vetters Carl August v. Sachsen-Weimar seit 26. Aug. 1873, Wilhelm geb. 1853, vermählt seit 11. April 1885 an Gerta, Tochter Ferdinands v. Isenburg-Büdingen, welche geb. 18. Jan. 1863, ist Vater von Hermann geb. 14. Feb. 1886, Wilhelm geb. 31. Dec. 1886, Auguste geb. 25. Juli 1888.

TAFEL CXLVII.

Alberts v. Coburg zweite Gattin war 26. April 1645 geboren; Heinrichs v. Römhild Wittwe † 1715 und Christians v. Eisenberg Wittwe schon 1718. — Johann August v. Gotha geb. 1704 † 1767 hat noch 2 Töchter gehabt, beide todt geboren und zwar 18. Nov. 1753 und 27. Dec. 1754; seine Schwestern sind: Friederike vermählt an (Johann) Adolph II. v. Sachsen-Weissenfels, Auguste an Friedrich (Ludwig) v. Grossbritannien vermählt. — Friederike, Tochter Friedrich III. geb. 1761 † 6. Feb. 1776; Augusts Schwiegersöhne sind Ernst I. geb. 2. Jan. 1784 und Alexander Graf v. Pölzig und Beiersdorf † als Wittwer Mariens v. Carlowitz 18. April 1884 und Alexanders älteste Tochter zweiter Ehe ist die Baronin v. Pölzig und Beiersdorf.

TAFEL CXLVIII.

Elisabeth Ernestine ist als Aebtissin zu Gandersheim 5. Sept. postulirt und 9. Nov. 1713 inthronisirt worden; (Anton) Ulrichs Sohn Ludwig geb. 1756 stirbt 23. März 1761. — — Bernhard II. stirbt 3. Dec. 1882, seine Wittwe 1. Jan. 1888, die Schwiegertochter Feodora 10. Feb. 1872 und Georg II. ist seit 18. März 1873 morgan. vermählt an Ellen Franz „Freifrau v. Heldburg,“ welche geb. 30. Mai 1839; Bernhard geb. 1851 hat Charlotte, Tochter Friedrich III. v. Preussen und Deutschland 18. Feb. 1878 geheirathet, welche geb. 24. Juli 1860 und ist Vater von Feodora geb. 12. Mai 1879; Friedrich geb. 1861 hat 25. April 1889 Adelheid, Tochter Ernsts v. Lippe-Biesterfeld geheirathet, welche geb. 22. Juni 1870.

TAFEL CXLIX.

Ernst Friedrich I. Gattin war 29. Oct. 1688 geboren; seines Bruders Joseph (Friedrichs) Gattin war (Anna) Victoria; von seinen Kindern ist Sophie (Amalie Elisabeth) geb. 1705 und † 1708, eine Prinzessin todt geboren 8. Aug. 1718, eine zweite todt geboren 24. Aug. 1718, eine dritte todt geboren 17. März 1719, und Georg Friedrich (Wilhelm) † 31. April 1781. Ludwig Friedrichs Wittwe (Christiane) Louise † 8. April 1779 und Elisabeth Albertine ist 4. Aug. 1713 geboren. — — Ernst Friedrich III. dritte Gattin ist Ernestine (Auguste) und heisst sein Bruder richtiger (Friedrich August) Albrecht.

Josephe († 1850) Schwiegersohn Georg V. v. Hannover † 12. Juni 1878; Herzog Ernsts Tochter Marie geb. 1854 ist seit 19. April 1873 vermählt an Albrecht v. Preussen, Regenten v. Braunschweig, welcher geboren 8. Mai 1837. Unter den Kindern von Moritz (geb. 1829) ist hinzuzufügen: Ernst geb. 31. Aug. 1871, Louise geb. 11. Aug. 1873, während Marie (Anne) seit 16. April 1882 vermählt ist an Georg v. Schaumburg-Lippe, welcher geb. 10. Oct. 1846; Elisabeth seit [illegible] April 1884 an Constantin v. Russland, welcher geb. [illegible] Aug. 1858; Margarethe geb. 1867 † 17. Juni 1882.

Eduards († 1852) Wittwe † als Gattin Heinrich IV. etc. 25. Mai 1876, ihr Schwiegersohn August v. Schweden 4. März 1873; Albert geb. 1843 war an Marie, Tochter Friedrich Carls v. Preussen, Wittwe Prinz Heinrichs der Niederlande seit 6. Mai 1885 vermählt, welche geb. 14. Sept. 1855 und † 20. Juni 1888, ist Vater von Olga geb. 17. April 1886 und Marie geb. 2. Juni 1888.

TAFEL CL.

Von Johann Ernsts Schwiegervätern war Philipp Reinhard v. Hanau vermählt in erster Ehe an Magdalene Claudine v. Pfalz-Zweibrücken, Friedrich Anton v. Schwarzburg-Rudolstadt in zweiter Ehe an Christiane (Sophie) v. Ostfriesland und heisst die 1698 geborene Prinzessin Henriette Albertine. Charlotte (Sophie), Tochter von (Franz) Josias war Gattin Ludwigs v. Mecklenburg-Schwerin; Friedrich (Josias) war aus morgan. Ehe Vater des 14. Juli 1873 gestorbenen Freiherrn v. Rohmann; Ludwig geb. 1756 † 5. Juli 1800. — Ernst I. v. Coburg Gattin ist 8. Jan. 1794 geboren und 1826 geschieden, seine Schwester Sophie † 9. Juli 1835.

Ferdinand Titularkönig v. Portugal † 15. Dec. 1885 und war in zweiter Ehe morgan. vermählt an Elise Hensler, welche geb. 22. Mai 1836; von Ferdinands Brüdern stirbt Leopold 20. Mai 1884, August bereits 26. Juli 1881, von dessen Kindern ist Philipp vermählt seit 4. Feb. 1875 an Louise, Tochter Leopold II. v. Belgien, welche geb. 1858, und ist Vater von Leopold geb. 19. Juli 1878 und Dorothea geb. 30. April 1881. — August Wittwer von Leopoldine seit 7. Feb. 1871 hat einen vierten Prinzen, Ludwig geb. 15. Sept. 1870, doch ist Joseph 13. Aug. 1888 gestorben; Amalie ist seit 20. Sept. 1875 Gattin des Herzogs Maximilian (Emanuel) in Baiern, welcher geb. 7. Dec. 1849; Ferdinand ist 7. Juli zum Fürsten v. Bulgarien gewählt und 14. Aug. 1887 proclamirt worden.

Leopold I. v. Belgien Sohn erster Ehe war todt geboren. Von Leopold II. Töchtern ist Louise seit 4. Feb. 1875 Gattin ihres Vetters Philipp v. Sachsen-Coburg, welcher 1844 geboren; Stephanie war seit 10. Mai 1881 Gattin Rudolphs v. Oesterreich, welcher geb. 21. Aug. 1858 und 30. Jan. 1889 gestorben; zu ergänzen ist eine dritte Tochter Clementine geb. 30. Juli 1872. — — Unter den Kindern Philipps v. Flandern sind zu ergänzen Henriette geb. 30. Nov. 1870, Josephine geb. 30. Nov. 1870 gestorben 18. Jan. 1871, Josephine (Carola) geb. 18. Oct. 1872, Albert Leopold geb. 8. April 1875.

SCHWARZBURG.

TAFEL CLI.

[illegible]

TAFEL CLII.

[illegible]

TAFEL CLIII.

[illegible]

u. Comthur zu Christburg, sein Schwager Bernhard v. Reinstein gegen 1420. — Heinrich XXV. war an die Tochter Heinrich IX. (Reuss) v. Gera zu Lobenstein, einer verwittweten v. Schönburg-Glauchau vermählt, seine Tochter Mathilde heirathete Donnerstag 19. Feb. 1479 den jungen Fürsten Heinrich III. Burggrafen v. Meissen, sie † um 1500, er 1519 als Gem. Barbarae v. Anhalt. Heinrich XXV. Urenkelin Margarethe war etwa 1520 geboren und heirathete in erster Ehe 6. Mai 1550 Heinrich XVII. (Reuss) v. Gera zu Schleiz, welcher schon zu Lebzeiten und eine Margarethe vermählt gewesen war.

TAFEL CLIV.

Günther XV. erscheint 28. Dec. 1287 als Gatte Catharinae, der Tochter Heinrich II. (Reuss) zu Gera, sein Bruder Günther war wohl Domherr zu Plauen, später (1313) zu Saalfeld und schon etc.; die Schwester Jutta war schon 8. Feb. 1266 Friedrich des Kleinen Frau, Agnes war zuletzt Äbtissin zu Ilm. — Heinrich X. residirte zu Arnstadt und war verheirathet mit einer Tochter Otto V. des Reichen v. Orlamünde, eine Schwester muss Irmgard gewesen sein, welche wohl schon 26. Juli 1313 mit Heinrich IV. v. Orlamünde verheirathet und mit ihm noch 28. März 1354 am Leben war, der Bruder Günther wurde nach der Wahl (vergl. Carl Janson „histor. Studien I, 26, 99 ff.") 30. Jan. 1349 proclamirt und † 14. Juni e. a., dessen Sohn Heinrich XIII. ew. 22. April und 29. Nov. 1357 und von seinen Schwestern war Sophie die älteste, seit 1347 verheirathet und noch 29. Nov. 1351 am Leben, während ihr Gatte Friedrich II. v. Orlamünde etc. vor 4. Oct. 1367 starb und Agnes und Mathilde erst 29. Nov. 1357 als verheirathet erscheinen, auch Mathilde vor 8. Aug. 1391 ihr Gatte kurz vor 3. Dec. 1390 starb. — Der Todestag von König Günthers Schwester Judith ist 11. Sept. (1360) vgl. Beschr. u. Darstell. der hist. Bau- und Kunstdenkm. d. Prov. Sachsen Hft. 10, 23 ff.

Heinrich XII. residirte zu Sondershausen und war wohl schon 11. Juni 1367 verheirathet und † vor 4. Dec. 1372, seine Schwester Elisabeth erscheint noch 2. März 1359 und 6. Jan. 1360, Jutta starb 29. Juni vor 1. Dec. 1358, ihr Gatte Albert II. vor 6. April 1362. Günther XXV. residirte zu Arnstadt und war wohl auch schon 11. Juni 1367 verheirathet. — Von Heinrich XII. Kindern war Else schon 4. Dec. 1367 Gattin Heinrich VI. (Reuss) zu Gera u. noch 29. Mai 1399 am Leben, während ihr Gem. geb. 3. Mai 1341 vor 9. Juli 1420 als Gem. Lutrude v. Hohnstein zu Heringen starb; Heinrich XVIII. Gattin ist angeblich aus Reussischem Stamm; Günther XXVIII. erscheint 19. Jan. 1399 als Gatte einer Helene, ob diese aber die frühere Verlobte Günther XXXI. war, ist für jetzt noch unerwiesen, seine zweite Frau heirathete er N. Kheberod. v. 24. Juni 1390 und sie † als Wittwe gegen 1430.

Günther XXXI. war, ehe er Geistlicher wurde verlobt an Helene v. Schwarzburg-Leutenberg, als Domcapitular erscheint er auch 23. April 1418 u. nach Fries „chron. etc." angeblich noch 1421; Heinrich XXIII. war angeblich an eine Tochter Otto VIII. v. Orlamünde zu Lauenstein vermählt; Heinrich XXIV. Gattin † vor 24. Nov. 1439, dessen Tochter Anna verm. seit Sonntag 17. Juni 1431 und Wittwe seit Sonnabend 15. März 1436 stirbt 24. Dec. 1491. — Günther XXXVI. resignirte 12. Feb. 1480, seines Bruders Günther XXXVIII. Gattin war eine Tochter Bruno VIII. v. Querfurt und residirte Günther XXXIX. seit 1496 zu Arnstadt.

Als Anmerk. Eine Anna v. Schwarzburg (vergl. Cod. dipl. Quedl. p. 841 resp. 849) wird 27. Feb. 1491 als Scholasticissa und 22. Sept. 1494 als Pröpstin genannt, doch fehlt jede weitere Angabe über ihre Angehörigen.

TAFEL CLV.

Heinrich XXXI. zu Sondershausen heirathete Anna II. Heiratsvertr. und Vermählt der Gattin vom 18. Aug. 1566 und war seine Tochter Margarethe schon 27. April 1566 Pröpstin zu Quedlinburg. — Anna Sibilla (geb. 1540 † 1570) Gattin Ludwig III. v. Isenburg Büdingen etc. war 28. Mai 1540 geboren und starb 1564 als Gem. Mariens etc.

Christian Günther II. v. Sondershausen Tochter geb. 1652, hiess Eleonore Catharine und Anton Günther I. Tochter (Marie) Magdalene starb 1727 als Decanissin zu Quedlinburg.

TAFEL CLVI.

Christian Günther III. Tochter Albertine war Ferdinande v. Württemberg (vergl. Briefwechsel d. Kgn. Catharina Bd. 1) Gattin, ihre Schwägerin, Wittwe (Johann) Carl (Schalbers) † 20. Oct. 1815 und ihr Schwiegersohn Wilhelm Albrecht v. Gotha geb. 26. Aug. 1816, als Gem. Augustens v. Egidy 4. Mai 1871. — Günther (Friedrich Carl II.) resignirte 17. Juli 1880 u. † 15. Sept. 1889, seine zweite, wenn auch morg. Gattin † 3. Juni 1889, der Sohn Günther 24. Oct. 1852, Hugo 25. Nov. 1811. — (Friedrich) Christians Tochter Günthersine † 20. Oct. 1875 und sein Schwager Friedrich (Carl) von Sayn-Wittgenstein etc. verheirathete sich wieder an Louise Langenbach aus Laasphe etc. — Christiane zu Arnstadt angeblicher Sohn Christian Günther wird wohl nur eine Verwechselung mit dem Vetter sein!

TAFEL CLVII.

Magdalene ist 22. April 1682 gestorben und wird 16. Juni e. a. begraben; Ludwig Günther I. heirathet 4. Feb. 1680. — Friedrich Antons zweite Gattin war Christiane (Sophie), seine Enkelin Sophie Ernestine Louise ist 1743 geboren und eine andere Wilhelmine (Sophie Eleonore) war an Ludwig v. Nassau-Saarbrück vermählt.

TAFEL CLVIII.

Louise geb. 1775 war an Ernst I. (Constantin) v. Hessen-Philippsthal vermählt; Adolph geb. 1801 † 1. Juli 1875, sein Schwiegersohn Friedrich Franz II. 15. April 1883 und sein Schwager Günther (Friedrich Carl II.) 15. Sept. 1889.

(Caroline) Cäcilie ist 1799 geboren. (Friedrich) Günthers erste Gattin war die Enkeltochter von (Leopold Friedrich) Franz v. Anhalt-Dessau und seine Wittwe verheirathete sich im Juli 1878 an Prof. Dr. med. Kocher zu Bern, seine Kinder aus zweiter Ehe wurden 1. Juni 1860 zu Prinz u. Prinzessin Leutenberg ernannt und heirathete Helene 24. Jan. 1884 Hugo v. Schönaich-Carolath, welcher geb. 26. Aug. 1863. — Elisabeth geb. 1823 ist seit 8. Dec. 1876 Wittwe.

TÜRKEI.

TAFEL CLIX.

Emir Peiotman (vergl. Usbereche.) vom Stamme der Oguren. oden zwei jüngeren Söhne Söngürtchin und Ubosogli (vergl. Balamon ...Ungarn im Zeitalt. d. Türkenberrsch., im Deut. Überst. d. G. Juráay p. i —') verlieren sich im Osten, sein Enkel Erthogrul machte 1288 Brusa zur Residens und † 1287, dessen Sohn Urchan nennt sich zuerst Sultan und meint Jircdteri „Gemb. d. Balgaren" die Angabe der türk. Qualien ...

Murad I. machte 1365 Adrianopel zur Hauptstadt, besiegte...

TAFEL CLX.

Bajesid II. Schwiegersohn war Ahmed Mirza etc., seine Altesten Söhne folgen im Alter Ahmed, Mohammed, Selim geb. 1467, Schehinschah, Alemschah, Corend. — Suleiman I. ...

TAFEL CLXI.

Noah Widensfeld ist Osman oder Othmän (IL.) I. 10. Mai 1404 gestorben nach dem Kinde ...

TAFEL CLXII.

Vos Ahmed II. Söhnen ist Selim ...

Abdul Medschlid Prau Petrow Piais † als Sultanin Valide Freitag 25. Jan. 1048 und eine andere, angebl. Mutter Murad V. ...

Abdul Hamid II. ...

Ali Anmerkung. Die Leips. Allgem. Zeitung hat die Nachricht gebracht, dass sich drei Töchter von Abdul Asis, eine an den General Mahmud Pascha, die andere (Emne) an Halid Bey Sohn von Derwisch Pascha und die dritte an den Pascha und Gouverneur v. Kartaal, und Schir Techter Abdul Hamid II. an Nureddin Bey, den Sohn Bhmel Osman Pascha Anfang April 1890 verheirathet haben.

WALDECK.

TAFEL CLXIII.

Hermann II. Gemlin erscheint urkundl. 17. Juli 1042, seinen fiuhe Berde will Lon „Territor. d. deut. Reiche II, 750" Boho genannt haben und von ihm das Geschlecht Stumpenhausen ableiten. — Wittekind III. nöhmte, abweichend von den meisten Angaben, noch 1128 gelebt haben, womit er wirklich die Lehrbe Kaiser Lothars 1138 durch Rarbose gebürdet hat, sein Soho Volkwin I. erwarb Waldeck, dessen Schwager Eberein war Vogt zu Frankenhorst zw. 1143 und 1165 und ihr Sohn war Wittekind v. Rhode; Luitrad's Vetter Bernhard wurde erst im Mai 1204 Bischof.

Gottschalk I. v. Pyrmont erscheint mit Gemlin und drei Söhnen urk. 1277 und wurde in demselben Jahre Wittekind Geistlicher zu St. Maria. — Gottschalk II. Gemlin Beatrix aus dem Name der Osnabrücker Edelherrn v. Holte erscheint urk. mit dem Sohne Gotterkalk erben 1. Aug. 1204.

Beatrix und Jutta werden urk. auch erben 20. Nov. 1311 genannt und ihr Bruder Gottschalk IV. erscheint zuletzt 24. Feb. 1342 und war todt 18. Urkunde der Söhne Hermann IV. und Heinrich (L.) 11. 7. Sept. 1343 (demnach wird Amwort. 2 überflüssig).

TAFEL CLXIV.

Volkwin II. lebte noch 17. Sept. 1208 und sein Neffe Heinrich (II.) erscheint als Domproport erben 24. Juni 1210, wurde zwar vor 21. April 1278 abgesetzt, jedoch schon 1277 wieder gewählt und lebte noch 1277 und Albert v. Schwalenberg noch 13. Juli 1343 (dessen zweite Frau Jutta v. Rendorg urk. erben 13. März 1271); Volkwin war seines Vaters zweitältester Sohn und erben 1263 Domherr und Feb. 1262 bereits Propst zu Hildesheim, später zu Goslar, als Domproport zu Hildesheim erscheint er urk. zwei 31. Oct. 1274; Günther als Domherr zu Magdeburg und Propst zu Enger erben 1200 und war Erzbischof 24. Jan. 1277 bis Ende 1278 und wurde gegen Anfang Nov. 1207 Bischof etc. über finanzere geistliche Würden vergl. Zeitschr. f. Westfalen 44. zweite Hälfte pag. 151 ff.

Wittekind VI. Gemlin, wenn auch nicht mit Namen genannt, erscheint urk. 15. Aug. 1200 und der Sohn Heinrich zuletzt 12. März 1276. — Adolph erscheint als todt erben 26. Jan. 1266, in derselben Urkunde (vergl. Zeitschr. f. Niedersachs. von 1808 pag. 76 ff.) sein ältester Sohn Albert; seine Tochter Sophie 7 als Achtzein vor 14. Juni 1261 und Günther 11. Tochter Agnes erscheint 31. Juni 1204 als Nonne zu Kemnade. Jutta, Tochter Heinrich (VI.) v. Schwalenberg ist auch 14. Juni 1261 Achtzein geworden und der Gatte ihrer Nichte Jutta Dietrich IV. v. Volmutein war in einer ersten Ehe zu Gentlen v. Düren verheirathet.

Heinrich IV. v. Sternberg kann erben 9. Mai 1348 todt gewesen sein, sein Sohn Simon wurde als Bischof zu Paderborn 15. Juli 1380 introducirt.

In Amwort. 3, Zeile 6 muss „Godendorf Urkunden. etc. B. III." gestrichen werden; als Aemerk. 6 sollte hinzugefügt werden: Else Erungard v. Schwalenberg erscheint 1315 als Wittwe des 1225. Juni u. s.) verstorbenen Werner v. Mischenhausen-Westerburg, welcher als Gatte ihnennahrede v. Poppenheim 1312 vorkommt (vergl. Zeitschr. f. hess. Gesch. N. F. Bd. 11 pag. 7 u. 10, Bd. V pag. 250'.

TAFEL CLXV.

Wittekind VI. wird zu wohl sein, welcher 20. Jan. 1250 als Domherr zu Halberstadt erscheint, er † 1260 als Bischof. — Otto I. vollzog die Ehe erst 1201 und seine Wittwe lebte noch 12. Aug. 1251, von seinen Kindern erscheint Heinrich IV. mit der Gemahlin zuerst 14. Juli 1260, † Adolph 23. Mai 1344, erwühlt Eberhard als Archidiacen etc. zuerst 1. Sept. 1300, muss aber auch (vergl. Zeitschr. f. hess. Gesch. N. F. Suppl. H. 2e) Baldicre u. Canonicus zu Fritzlar gewesen z. 9. Aug. 1349 gest. sein. Elisabethe Gatte war in erster Ehe zu Irmgard v. Kührenberg, Adelheid zu Wilhelm I. etc. nach 23. Jan. 1355 verheirathet; Ludwig und Otto erscheinen urk. schon 17. Nov. 1208; der angebliche Schwager Simon v. Jumel war zu Sophie v. Ragenstein (vergl. vorartikel. Archiv f. Niedersachsen v. 1800 verm. — Otto II. † 11. Nov. unkuweb. 1300, seine erste Gemlin 1267 u. zur die zweite eine Tochter Wittekind I. etc. Otten Bruder Dietrich erscheint als Inneproport zu Münster 1840 bis 51; eine Schwester soll Arnegard (vergl. Niederding „Gesch. d. Niederstiftle Münster I. 261") gewesen sein, welche R.Eberswehr. v. I. Mai 1344 vergl. v. Hedenberg „Regisborn l'rkd. p.37") Conrad IV. v. Morphole heirathete, welche 1270 als Wittwer starb. — Elisabeth, Wittwe Ernst VIII. v. Gleichen etc. starb wohl zw. 1423 und 5. März 1427, von ihren Schwestern lebte Ermgard noch 1404 und wurde Mathilde noch 26. Aug. 1360 Aebt. zu

Herford. Walrad I. Schwager Heinrich XL etc. lebte noch 2. Juni 1354, seine Schwiegertochter Johanne v. Nassau war 4444 geboren und verdictirte Philipp II. zu Eisenberg seit 17. Aug. 1307 und war in zweiter Ehe an eine Tochter Bruno VIII. etc. vermählt. Elisabeth verwitwete v. Brauschweig lebte noch 15. März 1343. Heinrich VIII. zu Wildungen war an die Tochter Wilhelm II. v. Wied etc. vermählt und dürfte sein Todestag violleicht 20. Mai sein, sein Sohn Philipp IV. war in zweiter Ehe mit l'atharine v. Natsfeld verheirathet, Philippe Schwiegersohn Reinhard etc. starb 20. Feb. 1509, Philipps Tochter Magdalene schon im Aug. 1209 und der Urenkel hiese richtiger Wilhelm (Ernst).

TAFEL CLXVI.

Philipp III. erste Frau ist wohl 1313, seine Schwester Anna III. Jan. 1406 gestorben. Johann I. Gemlin war um 1302 geboren, seine Tochter Anastasia † 1302, deren Gemahl Friedrich v. Diepholz etc. war 1346 geboren, seit 1. März 1379 verheirathet, doch ist deren angebliche zweite Verheirathung ein Irrthum. — Christian zu Wildungen geb. 1363 vermählte sich 24. Heinrichsbrief v. 18. Nov. 1504 und seine Wittwe starb 20. Juli 1061. Walrad IV. residirte zu Eisenberg seit 1063, die Tochter hiese richtiger Marie Elisabeth, etwaso der Enkel Heinrich (Walrad).

TAFEL CLXVII.

Von Christiane Töchtern war (Sophie Juliane Mittle Hermanns von Henere etc.; Elisabeth geb. 1610 vermählt an Wilhelm Wirich v. Falkenstein u. Limborg, Herrn v. Broch, Oberstein. Schwiegertochter, Ihrschwester Häsille Emie XIII. v. Leiningen etc.; der Agnes Gatte starb 1666 etc. etiren. Elisabeth Charistianne v. Salms-Laubach; Wilhelm Friedrich Emicho v. Leiningen etc. und wer Johann II. zu Landau zweite Frau Mauritate Dorothea v. Hanau-Isenstein. — Philipp VII. heirathete 20. Oct. 1651 und starb die Wittwe im Irre; Jutta, seine Schwiegerschwester war Wilhelmine v. Schalkon v. Nassau etc. des Schwiegersohns Heinrich Walrad v. Waldeck etc. — Christian Ludwigs Sohn Heinrich Walrad † zu Negroponte b. Sept. Mon. der Regierungsnachfolger würde richtiger Anton Ulrich genannt sein.

Jusine von Bergheim lebte noch eine Tochter Louise Johannette Ernestine Ulrike geb. 22. Oct. 1726 † 1. Aug. 1737. Carl † 1049 war an eine Tochter des Freiherrn zu Camstadt verheirathet und sein Schwiegersohn Carl von Fürkler etc. † 20. Jan. 1060. — Die Schwester von Carl († 1425). Caroline, war an einen Hauptmann v. Börkradt verheirathet. Adalbert verlor seine Gattin Agnes 20. Feb. 1046 und heirathete deren Vorschwester Amestase Ida 16. Oct. 1667, seine Tochter Helene heirathete l'ariv. Bernard 20. Sept. 1643, welcher geb. 9. Feb. 1653, zweite geeob. 16. Mai 1045 und heirathete in zweiter Ehe Alfred v. Kayerlingk Verstandt 24. April 1064. Als Adalberts Söhne sind zu heintragen Alexander geb. 15. Oct. 1667, Friedrich geb. 29. Juni 1670, Georg geb. 8. Juni 1676.

TAFEL CLXVIII.

Anton (Ulrichs) Sohn Ludwig Franz Anton wird bei Gensche zur verwundet und † 24. Juli 1730 und wer dessen Nichte (Caroline vermählt an „Peter Biren etc., welcher in dritter Ehe (Anne Charlotte) Dorothea heirathete. — Friedrich's († 1069) Wittwe geborene Pohl † 17. Jan. 1641; sein Bruder geborene 1791 hiess (Johann) Ludwig. Carl war 12. April 1803 geboren, seine Wittwe Amalie starb 25. Oct. 1879, deren Schwager Hermann 8. Oct. 1704. — Georg Victor geboren 1601 ist seit 27. Oct. 1000 Wittwer, seine Tochter Pauline hat 7. Mai 1061 Alexis v. Bentheim-Steinheim geheirathet, welcher 17. Nov. 1845 geboren; Marie † 20. April 1000 und war seit 15. Feb. 1077 Gemlin Wilhelm v. Würtemberg, welcher geboren 25. Feb. 1648 und zur Gattin Charlottens v. Schaumburg-Lippo ist; Emme ist seit 7. Jan. 1879 Gemlin Wilhelm III. von den Niederlanden, Wittwer Sophiens v. Würtemberg, welcher geb. 18. Feb. 1017; Helene war seit 27. April 1662 Gattin Leopolds v. Albany, Prinzen v. Grossbritanien, welcher geb. 7. April 1600 † 25. März 1864. Zu ergänzen ist Elisabeth geb. 6. Sept. 1873.

Albrecht bei Wittwer von Dorn soit 18. Dec. 1002, welche Christine v. Rhoden geboren 15. Aug. 1607, wieder verm. an (Marie) Louise, Tochter Felix Lignos v. Hohenlohe-Oehringen, seit 8. Mai 1000, welche geb. 28. Aug. 1661, er ist Ahnherr der gräflichen Familie Rhoden und erster. Vater Georg Friedrichs geb. 13. März 1867 u. † 29. März wet zu seiner Ehe. — Erich hat 24. Aug. 1669 (Constance v. Falkener, Tochter d. Frau Franz v. Philip-pathal verheirathet, welche geb. 15. Mai 1646. — Heinrich hat v. Sept. 1041 Augusta, Tochter Georgs v. Isenburg Philippendt geheirathet, welche geb. 7. Feb. 1661.

WÜRTEMBERG.

TAFEL CLXIX.

Ludwig II. war vielleicht an eine Gräfin v. Kirchberg oder Dillingen, sein Sohn Hartmann I., der noch 13. Feb. 1230 urkundet, vermuthl. an eine Tochter Heinrich I. v. Veringen (vergl. Zeitschr. f. Würtemb.-Franken 8, 161 ff.) vermählt. Hartmann I. Sohn Conrad v. Grüningen erscheint zuerst 13. Nov. 1228 und ist vermuthl. Gem. einer Schwester und Erbin Hartmann II. Grafen v. Sulzbach u. Eglofs aus Kirchberg. Geschlechts (vergl. Zeitschr. f. Schwaben u. Neuburg II, 261) u. seines Sohnes Hartmann II. Nachkommen waren begütert zu Ebersthal, Dürrbach, Bröding, Angern und Bronnbronn und noch heute blühend in dem Niederösterr. Geschlechte Harteliberg-Landau. — Ulrich I. Wittwe † 13. März 1265, sein Schwager Gottfried etc. vor 1259. — Ulrich I. Tochter Agnes war schon 11. Jan. 1262 an Friedrich II. etc. verm. und wurde 13. März 1290 Wittwe.

Eberhard II. Tochter Irmgard † 17. Juni 1329 und war an den Wittwer der Agnes v. Werdenberg Heiligenberg vielleicht schon vor 23. April 1318 verm., welcher als Gatte Elisabeths v. Spanheim stirbt; Irmgards Schwester Agnes war angebl. Erbin v. Trochtelfingen. Ihr Gatte Heinrich I. v. Werdenberg-Sargans zu Alpeck geb. gegen 1266, viell. bereits einmal verm., erscheint zuletzt als Landvogt in Oberschwaben wohl 2. März 1332 und † vor 1343. — Ulrichs († 1315) Tochter Agnes ist 1294 geboren, heirathete Conrad v. Schlüsselberg, viell. Wittwer einer Leonhard noch [illegible] Oct. 1331 u. wurde vor Nov. 1347 Wittwe. — Eberhard III. führte auch den Beinamen Rauschebart.

Zur Anmerk. 2. Der 4. Jan. 1234 urkundl. vorkommende Heinrich v. W. heirathete Irmgard v. Ronsberg und könnte dem Geschlechte Neiffen und Hertenberg angehört haben. — Zur Anmerk. 3 am Schluss vergl. auch Würtemb. Jahrbr. f. Statist. u. Landesk. Jahrg. 1870 Bd. II erste Hälfte p. 93 ff. — Zur Anmerk. 4 vergl. Stälin etc. namentl. p. 73.

TAFEL CLXX.

Eberhard III. Schwiegertochter war 1370, Eberhard V. Gattin 1381 geboren, letztere verm. 1407 u. † 14. Feb. 1444. — Ludwig I. theilt mit dem Bruder 23. April 1441 u. † 24. Sept. 1450, seine Schwiegertochter Barbara ist Dec. 1455 geboren, zu Mantua 18. April verm., nur beimgef. 4. Juli 1474, als Sohn derselben Ludwig gänzlich abgelehnt (vergl. Würt. Jahrbr. v. 1872 Abth. 2 p. 12); Ludwig I. Schwiegersohn Heinrich von Stollberg ist 12. Mai 1436 geboren. — Ulrich V. resignirte 4. Jan. 1480 u. von seinen Kindern war Catharina eine Zeit lang Nonne zu Lauffen; wurde Eberhard II. Gattin nur 1467 nach Stuttgard gebracht, die Vermählung war Fastnacht 1468 u. die Wittwe starb 31. März 1506; Heinrich regierte zu Mömpelgard Juli 1473 bis 25. April 1482, seine Gattin war eine Tochter Johann VI. v. Ostrau und Brandenburg; Philippine † 4. Juni 1475 und Helenens Gatte war Craft VI. v. Hohenlohe-Neuenstein.

Ulrich VI. (geb. 1487) Gattin war 23. April 1492 geboren, seine Enkelin Elisabeth † 1592 und heirathete in erster Ehe 31. Mai (nur der Kirchgang war 1. Juni) 1559 u. in zweiter Georg Gustav v. Pfalz-Veldenz u. Lauterecken; Emilie geb. 1550 † 4. Juni 1589; Eleonore geb. 1552 wurde Gattin Joachim (Ernsts) v. Anhalt. — Marie geb. 1496 heirathete 1. Jan., wurde nur heimgeführt 18. Feb. 1515. — Georg I. geb. 1498 war wirklicher Besitzer v. Mömpelgard seit 4. Mai 1553 u. starb 17. Juli 1558, die Tochter Eva etc. wurde ihm 25. Oct. 1556 geboren; Friedrich I. Gattin war eine Tochter Joachim (Ernsts) etc.

TAFEL CLXXI.

Johann Friedrich heirathete Montag 6. Nov. alse St. vet. 1609, von seinen Brüdern war der Ahnherr der Herzöge zu Juliusburg etc. Julius (Friedrich); Magnus starb Freitag 25. April alse St. vet. 1622. — Ulrichs zu Neuenburg zweite Tochter wäre richtiger Marie Anna zu nennen. — Von Friedrich Augusts zu Neuenstadt (oder Neustadt) Töchtern hat Auguste Sophie Friedrich Eberhard v. Hohenlohe-Langenburg etc. nach dessen eigenhändig geführtem Tagebuch (vergl. patriot. Archiv 12, 440) 6. Dec. 1709 geheirathet und war Friederike Aebt. zu Valdo nur bis 1749 und starb als Canonissin zu Gandersheim.

Eberhard III. 1674 geborener Sohn hiess Emanuel Eberhard und Eberhard IV. Ludwig Enkelin richtiger Louise (Friederike).

TAFEL CLXXII.

Friedrich Carls zu Winnenthal Sohn geb. 1680 würde richtiger (Friedrich) Ludwig genannt sein. — Von Carl I. (Alexander) Söhnen war Carl II. (Eugen) verm. in erster Ehe zu (Elisabeth) Friederike (Sophie) von Brandenburg-Baireuth, welche sich bald nach 4. Sept. 1756 von dem Gatten trennte, in zweiter an die Tochter Ludwig Wilhelms von Bernardin zum Fornthum etc., geschied. Gem. Friedrichs v. Leutrum etc., welche zur Reichsgräfin v. Hohenheim lt. Diplom. v. 21. Jan. 1774 erhoben u. wohl heiml. 10. Jan. 1786 verm. und als Herzogin 2. Feb. 1786 declarirt wurde. — Ludwig (Eugen) war an Sophie (Albertine) von Beichlingen, Friedrich (Eugen) an Dorothea, Tochter Friedrich (Wilhelms) etc. vermählt. — Von Friedrich (Eugens) Söhnen war Ludwig in erster Ehe an Adame Czartoryski des General-Starosten v. Podolien Tochter verm. u. wurde 1. Oct. 1793 gesch. (von seinen Kindern † Adam 27. Juli 1841 früh, Pauline 10. März 1873, Alexander 3. Juli 1885, dessen Familie 1. Dec. 1869 resp. 16. Sept. 1870 in den Fürstenstand erhoben und der Sohn ist seit 16. Sept. 1871 Herzog, über seine Familie das Gothaische Taschenbuch zu vergleichen); Wilhelm war morgan. seit 29. Aug. 1800, Ferdinand in erster Ehe an Albertine v. Schwarzburg etc. verheirathet.

Friedrich war als Herzog II. als König I., sein Sohn Wilhelm I. verm. in erster Ehe an Charlotte (Auguste) wurde 31. Aug. 1814 geschieden und die Prinzessin † als Wittwe Franz I. 9. Feb. 1873 und Wilhelm I. Wittwe 10. März 1873. Wilhelm I. Schwester Catharina 29. Nov. 1835 und muss als Schwester hinzugefügt werden Sophie Dorothea geb. 24. Dec. 1783 † 3. Oct. 1784. — Von Wilhelm I. Töchtern stirbt Marie 4. Jan. 1887, Sophie 3. Juni 1877 und ist deren Gatte wieder vermählt an Emma v. Waldeck. — Von Pauls Kindern stirbt Charlotte (Helene Paulowna) $^{9}/_{21}$ Jan. 1873, August 12. Jan. 1885 und war morgan. verm. an Marie Bethge „Madame de Wardenberg", welche bereits 1869 starb; auch heisst der 1849 geborene Sohn Pauls (vergl. Briefwechsel der Königin Catharina) Carl. — Wilhelm geb. 1848 heirathete in erster Ehe Marie, Tochter Georg Victors v. Waldeck 15. Feb. 1877, welche geb. 23. Mai 1857 und gest. 30. April 1882, in zweiter Charlotte, Tochter Wilhelms v. Schaumburg-Lippe 8. April 1886, welche geb. 10. Oct. 1864 und ist Vater von Pauline geb. 19. Dec. 1877, Ulrich geb. 28. Juli † 28. Dec. 1880, einer 27. April 1882 todt geborenen Prinzessin.

TAFEL CLXXIII.

Alexander geb. 1804 † 28. Oct. 1881, seines Sohnes Philipp Tochter Marie geb. 24. Dec. 1865 starb 12. Dec. 1883 und als Kinder Philipp's sind hinzuzufügen Marie Isabelle geb. 31. Aug. 1871, Robert 14. Jan. 1873, Ulrich geb. 13. Juni 1877. — Ernsts (geb. 1807 † 1868) Gattin, geb. Fenchl wurde erst 21. Aug. 1860 zur Frau v. Grünhof ernannt, Ernsts Schwager Ernst I. v. Sachsen-Coburg-Gotha war 2. Jan. 1784 geboren.

Von Wilhelms († 1830) Söhnen war Alexanders Wittwe wieder verm. an Franz de Bourgel (von ihren Kindern Pauline verm. an (Max Heinrich) Adam v. Weisbeam aus dem Hause Glauben und Carl Alexander gest. 19. Juni wohl 1873); heisst der 1846 geborene Sohn Friedrich; Wilhelm war in zweiter Ehe verm. an Florentine, Tochter Florestan I. Schwester Carl III. Grimaldi etc. (Von den Kindern war Auguste verm. in erster Ehe an (Percival) Rudolph etc. † 1. Jan. 1874, in zweiter an Franz von Thun und Hohenstein von der Linie zu Choltitz seit 16. Juni 1877, welcher geb. 27. Juli 1826 u. † 30. Juli 1881; Mathilde ist seit 2. Feb. 1874 Gattin Pauls v. Vinzo, Prinzen Altieri, welcher geb. 17. Nov. 1849.

Eugens (geb. 1788 † 1857) Wittwe † 2. Sept. 1860, Marie geb. 1818 † 10. April 1869, Eugen (Erdmann) geb. 1820 † 8. Jan. 1875, dessen Wittwe ist eine Prinzessin v. Schaumburg Lippe, ihr Sohn (Wilhelm) Eugen geb. 1846 † 27. Jan. 1877 und war verm. an Wjera, Tochter Constantins v. Russland seit $\frac{16. \text{April}}{8. \text{Mai}}$ 1874, welche geb. $^{4}/_{16}$ Feb. 1854, war Vater von Carl Eugen geb. 8. April † 11. Nov. 1875 und den Schwestern Elsa und Olga geb. 1. März 1876. — (Wilhelm) Eugens Schwester Pauline hat als Fräulein v. Kirbach 1. Mai 1860 Dr. med. Melchior Joh. (Nicolas) Willim in Schlesien geheirathet, welcher geb. 23. Aug. 1833. — Eugen (Erdmann's) Schwester Alexandrine ist seit 20. April 1858 Aebtissin zu Oberstenfeld, (Louise) Agnes ist 10. Juli 1886 gestorben.

Eugens (geb. 1758 † 1837) Bruder geb. 1759 hiess Ferdinand (vergl. Briefwechsel der Kgn. Catharina), Pauls († 1860) Wittwe † 30. Dec. 1870, ihr Sohn Max 20. Juli 1868 und war seit 16. Feb. 1876 verm. an Hermine, Tochter Adolphs v. Schaumburg-Lippe, welche geb. 5. Oct. 1845.

Ludwig Friedrichs zu Mömpelgard Schwiegersohn Albert v. Brandenburg etc. war 18. Sept. 1580 geboren, seine Schwiegertochter, eine Tochter Gaspar III. v. Coligny † im Alter von 56 Jahren 23. Jan. St. nov. 1646 und ihres Sohnes Leopold Eberhard Wittwe Elisabeth Charlotte im Juli 1733. — Als Anmerk. Nach Tuefferd „hist. des comtes de Montbéliard p. 257" wäre Georg von Mömpelgard Hochzeit erst 20. April 1648 gefeiert worden.

TAFEL CLXXIV.

Silvius Nimrod, Sohn von Julius (Friedrich) war 1622 geboren. — Christian Ulrich I. Tochter geb. 1669 heisst Ulrike Erdmuthe. — Christian Ulrich II. † 11. Feb. 1734 (vergl. Schumann geneal. Handb. etc.), dessen Wittwe 13. Juni 1758 und von ihren Kindern der Sohn (Carl Christian) Erdmann (Vater von Christian geb. und † 21. Oct. 1742, vergl. Grotefend „Stammtaf. d. schles. Fürsten") 1792, die Tochter Friederike Charlotte 28. Oct. 1791.

PÄPSTE.

TAFEL CLXXV.

Dionysius † [illegible]. Dec. [illegible].
Liberius seit [illegible]. Mai [illegible] gewählt sein.
Damasus ist [illegible] geboren.
Pelagius II. † [illegible]. Feb. [illegible].
Gregor I. wurde vor [illegible]. Aug. [illegible] gewählt.
Agatho ist (vergl. Wetzer u. Welte „Kirchenlex. B. I.") [illegible]. Juni [illegible] gewählt.

TAFEL CLXXVI.

Constantin I. starb [illegible]. April 715.
Constantin II. lebte als Flüchtling im Lateran seit [illegible]. Juli [illegible].
Eugen II. wurde [illegible]. Juni [illegible] gewählt.
Hadrian II. († [illegible]) gehörte dem Geschlechte Sergius II. an.
Johann IX. † nach Mitte Mai [illegible].
Benedict IV. ist in den letzten Tagen Mai [illegible] gewählt und bald nach [illegible]. Juli [illegible] gestorben.
Sergius III. wurde spätestens 1. Feb. 904 restituirt und † [illegible]. Mai 911.
Anastasius III. wurde in den letzten Tagen Mai 911 gewählt und war Papst bis Anfang Aug. 913.
Lando wurde Mitte Aug. 913 gewählt und † Ende Feb. 914.
Johann X. wurde in der zweiten Hälfte März 914 gewählt.
Johann XI. war ein Sohn Alberich I. und der Marozia und 906 geboren.
Martin III. † März 946.
Agapetus II. ist nach [illegible]. März 946 gewählt.
Johann XII. war ein Sohn Alberich II. und [illegible] geboren.
Leo VIII. wurde [illegible]. Feb. 964 abgesetzt.
Johann XV. wurde nach 6. Aug. gewählt und im Sept. 985 inthronisirt.
Gregor V. war Sohn Otto's in Rheinfranken, Vetter Kaiser Otto III. und etwa 972 geboren, sein Gegner Philagathus war vor der Wahl Bischof v. Placenza.
Silvester II. ist 2. April 999 gewählt worden.
Benedict VIII. † zw. 16. Mai und 12. Juni 1024.
Benedict IX. (Theophylactus, Alberichs Sohn) wurde im Jan. 1045 vertrieben und kehrte 10. März 1045 zurück, wurde abgesetzt auf der römischen Synode vom [illegible] Dec. 1046, sein Gegner Silvester seit 20. Jan. 1045 wurde schon 10. März e. a. vertrieben.
Victor II. war kein Graf v. Calw, aber v. Hirschberg.
Benedict X. wurde im Jan. 1059 vertrieben und musste sich unterwerfen wohl Herbst e. a.
Alexander II. † 21. April 1073 und sein Gegner Cadalus erscheint urk. noch 5. April 1071 und † 1072.
Urban II. war gebürtig von Châtillon, unweit Rheims etc.
Paschalis II. ist wohl 1050 oder 55 geboren und von seinen Gegnern wurde Theoderich [illegible]. 12. Jan. 1101 gefangen, Albert im Jan. 1101 und Silvester 17. Nov. 1105 gewählt.
Als Anmerk. Ueber die Chronologie der ersten acht Päpste des 10. Jahrhunderts vergl. Kopp „Geschichtsblätter aus d. Schweiz II, 271 ff.", über die richtige Chronologie der Päpste Benedict IX. und Silvester III. „Neues Archiv d. Gesellsch. f. ält. deut. Geschichtsk. V, 599 ff."

TAFEL CLXXVII.

Gelasius II. Gegenpapst Mauritius Burdin wurde 9. März 1118 gewählt und lebte noch im Aug. 1137 zu La Cava bei Salerno.
Innocenz II. stammte aus der Familie Papareschi und wurde 15. Feb. 1130 proclamirt, an dem Tage auch sein Gegner gewählt.
Unter den Gegnern Alexander III. hiess Innocenz vor der Wahl Lando v. Sezza.
Gregor VIII. (vor der Wahl Albert di Moro).
Gregor IX. ist wahrscheinlich um 1170 geboren und † 22. Aug. 1241.
Cälestin IV. war 25. Oct. 1241.
Innocenz IV. 25. Juni 1243.
Alexander IV. 12. gewählt u. 20. Dec. 1254 geweiht.
Innocenz V. ist 21. Jan. 1276 gewählt.
Hadrian V. Dienstag 18. Aug. 1276 gestorben.
Johann XX. ist 8. Sept. 1276 gewählt und 20. Mai 1277 gestorben.
Nicolaus IV. (Hieronymus Masci aus Ascoli) ist 22. Feb. 1288 gewählt.
Cälestin V. (früher Peter aus Molise, Einsiedler auf dem Berge Murrone bei Sulmona).
Bonifacius VIII. (Benedict Gaetani etc. geboren 1217).
Benedict XI. (Nicolaus Boccasimo aus Treviso).
Johann XXII. (Sohn Arnaulds Duèse zu Cahors), sein Gegner resignirt d., unterwirft sich zu Avignon 25. Aug. 1330, † Sept. 1333.
Benedict XII. (war eines Bäckers Sohn aus Toulouse).
Clemens VI. (Sohn Rogers v. Beaufort, Herrn v. Rosières und 1291 geboren).
Urban V. (Sohn des Grimoard etc.) erwählt 28. Oct. 1362.
Gregor XI. (Sohn Wilhelms v. Beaufort).
Urban VI. (Bartholomäus v. Prignano) wurde 8. April, sein Gegner Clemens VII. 20. Sept. 1378 gewählt.
Bonifacius IX. war 1356 geboren.
Innocenz VII. (vor der Wahl Cosimo Migliorati).
Alexander V. ist 1339 geboren.
Johann XXIII. † 1419.
Martin V. Gegner war Aegidius Munoz.
Eugen IV. wurde 25. Juni 1439 abgesetzt.
Nicolaus V. (Thomas Parentucelli etc.) war 15. Nov. 1397.
Calixtus III. 31. Dec. 1378.
Pius II. erst 24. Aug. 1405 geboren und 14. Aug. 1464 gestorben.
Sixtus IV. (Franz Rovere aus dem Gebiet von Savona ist 21. Juli 1414 geboren).
Julius II. (aus Albissola ist 5. Dec. 1443 geboren).
Hadrian VI. (Sohn des Schiffszimmermanns Florentius Dedel aus Utrecht) † 14. September 1523.
Pius IV. (Medichini, nur genannt Medici).
Gregor XIII. war 7. Feb. 1502 geboren.
Urban VIII. (richtiger Maffeo Barberini).
Innocenz X. (richtiger Pamfili).

TAFEL CLXXVIII.

Pius IX. verlor seine weltlichen Besitzungen an Italien durch Besitznahme-Decret vom 9. Oct. 1870 und † 7. Februar 1878, ihm folgte der 256ste Papst Leo XIII. (Joachim Pecci geboren 2. März 1810) durch Wahl vom 20. Feb. 1878.

ANHANG.

I. CAPET.

TAFEL CLXXIX.

Robert der Tapfere, nach v. Kalckstein Sohn eines aus Deutschland eingewanderten Frülinge Withichin und ritterlichen Standes, erscheint urkundl. zuerst mit Kontimenthalt 3. April ... als ... illustris, erhielt wohl Aug. oder Sept. ... das ganze Gebiet zwischen Seine und Loire (d. i. das nachmal. Franzien), ... Ende Sept. oder Anfang Okt., der Juli ist ganz willkürlich ... und war vermählt an N., Schwester des ... Lions begüterten Grafen Adalram. — Robert des Tapferen angebliche Enkel bei Meginzard v. Worms und Maienzne; seine Tochter Michhild wurde Erbin v. Blois; von den ... erhielt Endo vor 37. Okt. am Anjou und Touraine etc., wurde gr. Pok. ... als König gekrönt und † 1. Jun. ... seine Gottin Theodrada gehörte vielleicht dem niederischen Reriv v. Maine an, wurde vor ... vermählt und erscheint urkundl. 21. Mai ... — Robert I. Liegenbürg etc. ... Anfangs Königstinn und heirathete wohl vor ... seine Tochter Emma heirathete Radolph wohl 914 und starb Ende 934 und der Untie 14. Jan. 936, deren Schwager Heribert Anhang 923.

Hugo der Grosse etc. † 16. Juni 956, heirathete Judith, Tochter der Arnolfinger Chalon Rothilde und König Carls etc. Comtesse, wohl bald nach 3. Juli 914, die Kathild (am Juli) 733, welche vielleicht vor 935 starb, die Hedwig, welche wohl erst 937 geboren war, vielleicht im Mai, zuvor vor 10. Sept. 937 etc. Von den Söhnen starb Udo 23. Feb. 965 und hatte Luodgard 945 geheirathet, der andere, meist Heinrich genannt, starb 1044 und war R. Urk. erbos 971 zu Gorberg, Tochter Lud, Luitgab e v. Mannes, einer Comtesse (oder Hermanne) Hugo's v. Châlons zur Andeu, Bischofs nach 26. März 990 und † 1. Nov. 1039 ... von Amaorra Wittwe Adalberts v. Italien, welche angeblich erst nach 1065 starb.

Heinrichs Sohn Endo erscheint noch Gotte einer Inge. — Beatrix, Hugo's Tochter, wurde vielleicht 945, gewiss vor Mitte Juni und Wittwe und man in zweiter Ehe den Urban v. Rheinfelden geheirathet haben, da ihre Tochter Ida Urk. v. Habsburg Schwester Uno's er nerlt, des Vaters von König Rudolph, Urk. v. Kl. (vergl. Ljnelber i. Liucab d. Schweiz B. III, pag. 30 d. kleat. Muri) genannt wird.

Hugo Capet (Hier das Holzmann vergl. Arod glimeh. d. Ungar. e. Entwickl. d. Franzk. Volkes I, 302 f.") ist angeblich im Winter 941 geboren und heirathete Adelheid, Tochter Wilhelm I. Werghaupt, Schwester Wilhelm II. (oder V. v. Poitou wohl im Sommer 968 und war ... die jüngere Tochter, deren Gottin Inge I. 1091 starb. — Robert II. ist angeblich am Palaismontag (der wäre 27. März) 970 geboren, heirathete in erster Ehe Rozala ... die Königin Susanna, Tochter Berenger II. v. Italien, Wittwe Arnolph II. v. Flandern nn., welche 968 verstoss wurde, in zweiter Bertha Ende 996, welche nach 36. Okt. 999 geschieden wurde und wahrscheinl. 16. Jan. nach 933 starb, in dritter Constanze gegen 1003, Rein Sohn Hugo ist noch 1017 geboren, wurde 9. Juni 1017 König und starb 17. Sept. 1025, die Tochter Adelaide war Hannes I. Gattin, Adelhaid wurde Richard III. Gattin im Jan. 1007, starb berolls d. Aug. 1017 Wittwe etc., der Sohn Robert wurde 1031 Herzog v. Burgund.

Heinrich I. ist erst vor 17. Mai 1008 geboren und wurde zum seiner Ehe nach einer Tochter Emma, und der Sohn Hugo (L) heirathete Adelheid 1071, welche schramdlich noch 1120 verheirathet und deren Todestag gs. Sept. war. Von Hugo ... Kindern war Mathilde an Raoul I. de Beaugency (seine Ehe mit Agnes ist im zerbrochen) vermählt, welche 1120 starb; Agnes war nach im März 1120 am Leben, Gottin von Rembau del Vaste oder dem jüngern Hautfortud, gewlu Gren. der Erbin v. Tavien, auch angebl. Wittwe v. Sordeu, vermählt nach 1011 und angeblich vor ... März 1105 u. März gestorben; Beatrix wurde Gottin Hugo III. de Gournay-en-Bray, welcher 1106 die Gottin Miltonudirn de Cresy starb; Elisabeth war Gottin Robert II. v. Maienet zu Dammartin (und Lodovine hei er sterben; Heinrich war Bruder von Donomani v. Venin; Raoul I. Tochter Eleonore † 1214, die vierter Gottin zu. 1214 und 1216. — Alle Anmerkungen werden überflüssig.

TAFEL CLXXX.

Constance † zw. 1106 und Jan. 1126 muss Hugo bald nach 1093 geheirathet haben und erscheint mit... ... wenn... in zweiter Ehe nach Ostern 1105 und wurde 4. März 1112 Wittwe und war ihr zweiter Gottin (mit geboren); Ihr Bruder Fleury fand nach 1124, ihre Schwester Cäcilie, Wittwe in erster Ehe A. Dua, 1112, lebte noch 1145. — Ludwig VI. ist wahrscheinl. Ende 1081 geboren, eine Sohn Philipp † als König und Mitregent; Heinrich ist wohl 1121 geboren und seit 14. Jan. 1147 Bischof; Constanze lebte noch im Herbst 1177 und wurde in zweiter Ehe gewh. 1145 und seit Raimund V. nach Serfen v. Anseil de la comes de Arggo. vergl. Hist. de Languedoc v. Devr. a. Tasarf V. ? sich wieder an Ricshld, Wittwe Raimund Berengars v. Provence verbeir. haben und Ende 1194 gestorben sein.

Ludwig VII. erste Gottin starb 23. März 1394, während or 14 Tage nach Constanzen Tod Alix geheirathet hatte, welche 13. Nov. 1160 nur geheirathet wurde.

Isabelle v. Angoulême heirathete Hugo X. vor 26. Juni 1220; Clementie v. Courtenay wurde die Gottin Gnido V. v. Thiers au Auvergne; Peter II. wurde in erster Ehe 1196 Wittwer, seine zweite Frau war 1213 Erbin v. Kamer, er selbst 9. April 1217 als Kaiser gekrönt. Von seinen Tochtern starb Mathilde 13. Der. nach 1256 als Nonne zu Fontevrault und ihr zweiter Gatte Gnido IV. war bereits zweimal verheir. gewesen s. war die zweite Frau Evengard v. Sully, Mathilde heirathete er 1235 (Agnes, ...

Mathildens Tochter war die Erbin v. Dreux, heirathete Guido I. zw. Mai 1221 und 1228, lebte noch im Juli 1223 war aber gleich dem Grafen im April 1226 bereits tadt, deren Tochter Johanns heirathete Archibald VII. v. Combr. v. 29. Mai 1239; Margaretbeua erster Gattin Mawal III.

† 1. März 19..., der zweite Heinrich 13. Nov. wohl 1259 (seine Tochter Johanns erscheint als Prinzin schon 8. April 1262 n. † 13. Jan. 1203); Elisabeth war seit ihrem Gatten Gnido I. noch im Aug. 1256 am Leben; Sebastiane Gattin König Andreas II. † vor 26. Okt. 1255; der Agnes Gottin Gottfried II. † 1246; Maria lebte noch 1259 und hatte Theodor 1219 geheirathet.

Philipp war seit 1216 als Bauherr v. Namur der zweite dieses Namens; Robert wurde 25. März 1281 als Kaiser gekrönt, heirathete 1229 Baldwin Tochter und starb schon vor 15. Feb. 1251; Heinrich II. war seit 1252 Hoalter von Namur; Baldwin (II. als Kaiser) war seit 12. Juni 1237 Besitzer v. Namur, verschleierte darauf an Guudam der Graf... v. Flandern...

TAFEL CLXXXI.

Alix geb. 1151 lebte noch 1195, heirathete Theobald V. 1164, welcher 1291 starb; Alix oder Adelaide wurde die Gattin Wilhelm IV. v. Ponthieu...

Ludwig IX. Tochter Blanca † 6. Dec. 1320, Isabelle 3. März 1342...

TAFEL CLXXXII.

Johanna geb. um 1294 † 1441; Margaretbens Sohn Carl v. Blois bei 1319 geboren; Catherine † Anhang Urk. 1346; Johanne († 1363) wird 1343 Wittwe, Blanca heirathete M. pigaill, Diag. v. 5. April 1398 am 5. Mai e. e. und wird die Ehe im Mai 1399 vollzogen; Carl II. v. Alençon heirathete in erster Ehe die Erbtochter Johann II. Blondel v. Joigny, sein Sohn Philipp war Bischof v. Beauvais 1356 bis 9. Mai 1360, Erzbischof v. Rouen 9. Mai 1362 bis 1375, Administrat. zu Auch seit 1374 etc. u. auch Patriarch zu Aquileja 19. Oct. 1387. Peter II. Tochter Marie ist 29. März 1373, ihr Gatte 25. April 1370 geboren, letzterer 10. März 1422 gestorben; Catharine heirathet in erster Ehe 21. April 1411. — Renes v. Alençon Gattin ist 1463 geboren, ihr Sohn Carl IV. wird nur durch Contract 9. Oct. geheirathet haben, denn die Hochzeit war 2. Dec. [illegible].

Johann II. heirathete in erster Ehe die Bisil, 6. Aug. 1332, in zweiter Ehe die Tochter Wilhelm XIII. v. Auvergne etc., sein Schwiegersohn Galeazzo Visconti war Nov. 1351 geboren, sein Sohn Ludwig I. v. Anjou starb 21. Sept. 1384. — Philipp v. Orleans konnte auch Valois und dessen Sohn Ludwig nahm als Bischof 22. April 1395 Besitz und starb 1395 doch ist der Tag unbekannt, denn 27. März 1397 *N. ser.* ist nur der Tag der Todtenfeier. — Marie v. Berry heirathete in erster Ehe Ludwig III. v. Châtillon zu Blois, in dritter Ehe 22. Juni 1400 u. wurde 5. Feb. 1434 Wittwe.

TAFEL CLXXXIII.

Maria, Tochter Carl V. starb gegen Juni 1377 als Braut Wilhelm II. (VI.) v. Baiern-Holland; Carl VI. heirathete 13. Juli 1385, seine Tochter Marie † 1438 als Priorin zu Poissy, von Carl VII. Töchtern heirathete Catharina 19. Mai 1440, Jolande nach Oct. 1452, auch ist Philipp 11. Juni 1436 gestorben.

Ludwig XI. erste Gattin ist etwa 1422 geboren, aber erst 1445 gestorben, er heirathete in zweiter Ehe 28. Feb. 1451 führte die Gattin erst 10. Juli 1457 heim, sein Sohn Joachim stirbt 29. Nov. 1459, Louise 1460, Annas Gatte war 1. Dec. 1439 geboren, heirathete 3. Nov. 1473 u. starb 10. Oct. 1503; Johanna wurde 17. Dec. 1498 geschieden, Franz v. Berry 3. Sept. 1472 geboren, Carl VIII. Wittwe starb 9. Jan. 1514 *N. ser.*, ihre Tochter Anna ist wenige Monate vor Vaters Tod geboren, doch bald gestorben.

Ludwig v. Orleans († 1407) besass auch Valois, sein Sohn Johann v. Dunois heirathete in zweiter Ehe die Tochter Johann II. v. Harcourt, Erbin v. Melun und Montgommery, Schwester Wilhelms zu Tancarville 26. Oct. 1439. — Carls v. Orleans u. Valois dritte Frau war 19. Sept. 1426 geboren und starb im Juli 1486 als Gattin Johanns v. Rabodanges, Herrn v. [illegible]court, Gouvern. v. St. Omer, eines Edelmanns aus d. Landsch. Artois; Carls Tochter Johanna war 13. Sept. 1449 geboren und stammt ihre Schwester Marie aus Vaters dritter Ehe.

Ludwig XII. wurde in erster Ehe 17. Dec. 1498 geschieden, seine zweite Gattin † 9. Jan. 1514 *N. ser.*, von seinen Kindern heirathete Claudia 18. Mai 1514, ein Prinz wurde 1503 verlobt, ein Prinz war 21. Jan. 1503 und ein Prinz todt 21. Jan. 1512 geboren.

TAFEL CLXXXIV.

Margarethe geb. 1492 heirathete in erster Ehe wohl nur durch Contr. 9. Oct., denn die Hochzeit war 2. Dec. 1509 und in zweiter 24. Jan. 1527 und starb Heinrich II. v. Navarra 29. Mai 1555. — Franz I. heirathete in erster Ehe 18. Mai 1514 und starb sein Schwiegersohn Jacob V. etc. 14. Dec. 1542.

Von Heinrich II. v. Frankreich Kindern feierte Elisabeth ihre Vermählung zu Toledo 2. Feb. 1560; Claudia heirathete 22. Jan. 1559; Margarethe wurde von Heinrich IV. durch päpstl. Erlass 17. Dec. 1599 geschieden, auch war Heinrich IV. 14. Dec. 1553 geboren; Dianens erster Gatte Horatio Farnese besass Castro; Heinrich v. Angoulême war Grossprior von Frankreich und noch ein natürlicher Sohn Namens Heinrich de St. Remy, Baron v. Fontette, Herr v. Beauvoir etc. ist (vergl. de Courcy „Hist. généal. et chronol. d. l. mais. royale de France" als H IX' von Anselme etc. p. 23") † 14. Feb. 1621 u. war der Ahnherr d. Geschlechts Valois-St. Remy. — Franz II. war 1543 *N. st.*, jetzigen Style 1544, seine Gattin Freitag 7. Dec. 1542 geboren, Heinrich III. war 16. Mai 1573 zum König v. Polen gewählt, aber des Thrones 25. Mai 1575 verlustig erklärt worden; Franz v. Alençon geb. 1554 *N. ser.* wurde 1576 Herzog v. Anjou. Carl IX. Sohn Carl v. Ponthieu heirathete 26. Mai 1644 die Tochter Carls v. Maroult, welche 1713 92 Jahre alt starb.

TAFEL CLXXXV.

Marie, Priorin zu Poissy ist 1304 geboren, ihre Schwester Margarethe Ende Jan. 1380 gestorben; Ludwig I. war der erste Herzog v. Bourbon, heirathete im Sept. 1310, seine Wittwe † Anf. Sept. 1354, sein Sohn Jacob † 3. Dec. 1340, Johanna 30. Dec. 1402, deren Gatte geb. 19. April 1320 verm. lt. Contr. v. 14. Feb. 1310 und wohl in Wirklichkeit ca. 22. Juli 1323 u. 3. Aug. 1324 † 22. Dec. 1357; Beatrix heirathet lt. Contr. v. Dec. 1334 päpstl. Disp. v. 9. Jan. 1336 noch im Dec. 1334 u. in zweiter Ehe Ende bald nach 1343, welcher noch 27. Juli 1380 am Leben war. Isabelle, Tochter Jacob I. de la Marche wurde in erster Ehe 13. Mai 1364 Wittwe. — Peter I. Tochter Bona heirathete Gottfried lt. Contr. v. 1350 u. lebte G. noch 3. Feb. 1390; Catharinens Gatte Johann VI. ist 1. Dec. 1342, der Sohn Ludwig 24. Dec. 1348 geboren und als Erzbischof 18. März 1407 *N. ser.* postulirt und 1408 confirmirt; Margarethe, Wittwe Armand VIII. etc. lebte noch 4. Jan. 1416 und starb die Priorin Marie zu Poissy 22. Dec. 1401. — Ludwig II. heirathete Anna, Tochter Berald II. Dauphins v. Auvergne, Grafen v. Clermont, Erbin v. Forez, welche 1358 geb. u. 22. Sept. 1417 gestorben und lebte ihre Tochter Isabelle noch 1451. Johann I. machte sein Testament 24. Jan. u. starb erst 5. Feb. 1434 und hatte 22. Juni 1400 sich vermählt, von den Söhnen starb Ludwig v. Forez schon 1412 und Johann wurde Abt zu Cluny nach 2. Nov. 1457, Ludwig I. v. Montpensier heirathete in erster Ehe die Tochter des Dauphin Berald III. v. Auvergne und Grafen v. Clermont, Ludwig I. Tochter Gabriele heirathete in erster Ehe Ludwig II. de la Tremouille zu Thouars etc. Gilberts v. Montpensier Tochter Louise heirathete in erster Ehe André IV. de Chauvigny etc., Wittwer Annas v. Dunois u. Longueville, welcher 4. Jan. 1502 starb; Anna Louisens Schwester lebte unvermählt noch 1510. — Carl III. v. Bourbon Söhne sind Franz v. Clermont † 1516 und die Zwillingssöhne geb. u. † 1518. — Von Carl I. Kindern wurde Marie 1443 wirklich vermählt, Isabella starb Donnerstag 25. Sept. 1465; Catharinens Gatte 21. Juli 1477; Johanna heirathete Johann II. schon 12. Oct. 1467; Philipp v. Beaujeu † 1440; Carl II. wird vom Papste zum Erzbischof ernannt 13. Dec. 1446, doch erst geweiht 22. Sept. 1465, ist Bischof zu Clermont seit 10. Juli 1415 und Cardinal seit 18. Dec. 1476 etc.; Ludwig wird als Bischof 20. Juli 1456 introducirt; Reinald † 1482 und sein Sohn Carl wurde Bischof zu Clermont schon 26. Sept. 1468 und nahm im Jan. 1489 Besitz. Peter II. ist 1. Dec. 1438 geboren und 10. Oct. 1503 gestorben, war verm. seit 3. Nov. 1473, sein Sohn Carl v. Clermont ist vielleicht im April 1476 geboren u. 1498 gestorben. — Johann II. heirathete Catharine d'Armagnac 28. Aug. 1484 und verlor sie 2. März 1486, ein Sohn Ludwig ist 16 Tage alt 1486 gestorben, Carl v. Bonneuville erhaelt Malause 3. Mai 1489, heirathet Louise Erbin v. Lavedan schon Feb. 1487, welche noch 6. Juni 1527 am Leben war (von ihnen stammt nach Corbière die Familie Bourbon-Malause); Hector ist wirklich 1479 Bischof, Erzbischof 13. Feb. 1491 geworden.

TAFEL CLXXXVI.

Annas Ehebered. mit Ludwig d. Bärtigen geschah 1. Oct. 1402, ihre Schwester Charlotte starb 15. Dec. 1434, deren Gatte schon 29. Juni 1432, Jacob II. de la Marche starb 1438 als Mönch zu Besançon, dessen älteste Tochter war Isabelle, seit 1445 „Frauenmutter" im Kloster zu Amiens und Marie geb. um 1410 starb als Meisterin ebendaselbst. — Johann II. v. Vendôme Tochter heirathete in zweiter Ehe 2. Jan. 1495 *N. ser.* und war ihr Gatte 1467 geboren, der dritte Gem. bezass Puisat u. Chasailles. — Ludwigs v. Roche-sur-Yon Enkel Heinrich v. Beaupréau ist erst bald nach 18. Dec. 1560 gestorben. — Ludwig III. v. Montpensier heirathete in erster Ehe Jacqueline, Tochter Johanns v. Longwy zu Givry, von seinen Töchtern wurde Franziska 1574 Wittwe; für Anna fanden 23. Nov. 1572 Obsequien statt und Charlotte geb. 1546 oder 47 heirathete 1575 und starb 5. Mai 1582.

Carl geb. 1489 wurde im Feb. 1515 der erste Herzog v. Vendôme, sein Bruder Ludwig wurde Bischof v. Laon April 1510, resignirte jedoch 1552, war Bischof von Le Mans seit 1519, resignirte als Bischof von Laon 6. Juli 1557, war Erzbischof seit 13. Aug. 1535, Bischof von Palestrina seit 24. Feb. 1550. — Carl geb. 1523 war Bischof zu Saintes nur bis 1550, als Erzbischof nur bis 1582 selbstständig und Bischof zu Beauvais 24. Aug. 1569 bis 19. Sept. 1575 wurde als König Carl X. 7. Aug. 1589 proclam. und † Mittwoch 9. Mai 1590, seine Schwägerin Franziska von Longueville etc. war 5. April 1549 geboren.

Anton schloss den Ehevertr. u. heirathete 20. Oct. 1548, sein Sohn Ludwig Carl ist 1554 *N. st.* oder *N. ser.* 1555 geboren und erst ca. Sept. und 24. Nov. 1553 gestorben, eine Tochter Magdalena geb. 11. † 28. April 1556, Catharine ist erst Feb. 1559 geboren u. Carl wird lt. königl. Brief v. 13. Nov. 1594 Erzbischof, resignirt 1. Dec. 1604 u. † 15. Juni 1610.

Heinrich IV. v. Frankreich ist in den ersten Morgenstunden 14. Dec. 1553 geboren und von Margarethe durch päpstl. Erlass 17. Dec. 1599 geschieden. Von seinen Töchtern wurde Henriette 26. Nov. 1609 geboren und heirathete 23. Juni 1625; Johanna Baptista etc. ist 1608 geboren; die Gattin Carl II. v. Lothringen-Elboeuf würde richtiger (Catharina) Henriette genannt sein.

TAFEL CLXXXVII.

Gaston v. Orleans und Valois heirathete Margarethe v. Lothringen 3. Jan. 1632 (über die verschiedenen Angaben vergl. die Nachträge zu Tafel CXII.); Cäsar besass Vendôme seit Juli 1598 (sein zweiter Sohn war Franz v. Beaufort); Heinrich v. Verneuil ist 27. Oct. 1599 geboren und seine Wittwe † 5. Juni 1704; Anton v. Moret † 1. Sept. 1632.

Ludwig XIV. zweite Frau wurde zur Madame de Maintenon schon im Frühjahr 1675 ernannt; Philipp I. v. Orleans etc. erste Gattin war [illegible] Juni 1644 geboren und seine zweite wäre richtiger (Elisabeth) Charlotte zu nennen, die Tochter Elisabeth v. Chartres heirathete zu Bar 25. Oct. 1698 und † 23. Dec. 1744; Philipp II. Gattin war 25. Mai 1677 geboren, von ihren Töchtern Louise (Elisabeth Marie) als Wittwe Carls v. Berry wieder vermählt an den Herrn v. Riom seit Ende 1716; Maria Adelheid wurde 11. Mai 1719 Aebtissin und resignirte erst 9. Oct. 1734; (Louise) Elisabeth war Königin v. Spanien; Louise Diana 27. Juni 1716 geboren. — Ludwig Philipp I. v. Orleans zweite Frau war eine Tochter von Jean Berand de la Haye etc., Wittwe des Marquis Jean Baptiste de Montesson und 1737 geboren, die Tochter wurde die Gattin Ludwig (Heinrich Joseph) v. Condé. — Ludwig Philipp II. jüngste Tochter † 1. Feb. 1782 und sein jüngster Sohn hiess Ludwig Carl, denn so nennt er sich selbst, starb 30. Mai 1808 zu Malta.

Die Schwiegersöhne des König Ludwig Philipp sind Alexander v. Würtemberg 30. Oct. 1881, August v. Sachsen-Coburg 26. Juli 1881 gestorben. — Ludwig Philipp v. Paris geb. 1838 hat aus seiner Ehe noch Helene geb. 13. Juni 1871, Carl geb. 21. Jan. und † 8. Juni 1875, Isabelle geb. 7. Mai 1878, Jacob geb. 5. April 1880 † 22. Jan. 1881, Louise geb. 24. Feb. 1882, Ferdinand geb. 9. Sept. 1884 und die älteste Tochter Amalie hat Carl I. König von Portugal 22. Mai 1886 geheirathet, welcher geboren 28. Sept. 1863. — Robert v. Chartres geboren 1840 hat aus seiner Ehe Robert geboren 10. Jan. 1866 und † 23. Mai 1885, Heinrich geb. 15. Oct. 1867, Margarethe geb. 25. Jan. 1869, Jean (Peter etc.) geb. 4. Sept. 1874 und hat die älteste Tochter, Marie 22. Oct. 1885 Waldemar v. Dänemark geheirathet, welcher geb. 27. Oct. 1858. — Ferdinand v. Alençon geb. 1844 hat aus seiner Ehe den Sohn Philipp Emanuel geb. 18. Jan. 1872 und Ferdinands Schwester Margarethe hat Ladislaus Czartoryski v. Klewan und Zukow, Wittwer Mariens Amparo v. Vista Alegre 15. Jan. 1872 geheirathet, welcher geb. 3. Juli 1828. — Heinrichs v. Aumale (geb. 1822) Sohn Franz v. Guise starb 25. Juli 1872. — Von den Kindern Antons von Montpensier (geb. 1824) Amalie 11. Nov. 1870, Christine 28. April 1879, Ferdinand 4. Dec. 1873, Mercedes (Gattin Alfons XII. v. Spanien seit 23. Jan. 1878, welcher geb. 1857 und gestorben 25. Nov. 1885 als Gemahl Christinens v. Oesterreich 26. Juni 1878), Philipp 13. Feb. 1864, Ludwig 29. Mai 1874 und ist Anton geb. 1866 seit 6. März 1886 Gatte Eulalia's, der Schwester Alfons XII. v. Spanien, welche geb. 1864 und ist Vater von Alfons geb. 12. Nov. 1886 und Ludwig Ferdinand geb. 5. Nov. 1888.

TAFEL CLXXXVIII.

(Maria) Anna ist 17. Oct. 1666, Franziska Marie 25. Mai 1677 geboren; Carl v. Aumale (Sohn des Herzogs v. Maine) 6. Sept. 1709, Johann v. Penthièvre erst 1783 gestorben, auch letzterer vermählt an Felicitas v. Modena seit 25. Dec. 1744. — Ludwig v. Burgund geb. 1682 war an (Maria) Adelheid etc. vermählt und hatte noch ein Kind, todt geboren im Frühjahr 1708. — Carls v. Berry älteste Tochter war 2. Juli 1711 todt geboren, auch starb Philipp V. v. Spanien zweite Gattin laut Notiz vom 11. Juli 1766.

Von Ludwig XV. Töchtern war (Louise) Elisabeth Herzogin v. Parma. (Anne-Henriette 1752, Victorie 1799 gestorben. — Ludwig XVI. hatte aus seiner Ehe noch zwei todt 1780 und etwa 7. Nov. 1783 geborene Kinder. — Ludwig XVIII. wurde König durch Senatsbeschluss vom 6. April und allgemein im Mai 1814 anerkannt, seine Gattin wäre richtiger (Marie Josephe) Louise, seine Schwester richtiger (Adelheid) Clotilde zu nennen. — Ferdinands v. Berry angeblich morganatisch vermählte Gattin war Amy, Tochter John's Brown, geb. 8. April 1783 und † 7. Mai 1876. Ferdinands Sohn Heinrich v. Chambord starb 24. Aug. 1883, seine Wittwe 25. März 1886.

TAFEL CLXXXIX.

[illegible]

TAFEL CXC.

[illegible]

TAFEL CXCI.

[illegible]

TAFEL CXCII.

[illegible]

TAFEL CXCIII.

[illegible]

TAFEL CXCIV.

[illegible]

war and zw. 1. Dec. [illegible] u. 13. Mai [illegible] starb; Mariens zweiter Gatte Philipp II. starb erst 1376; Raimund v. Provence wird urk. 6. Mai [illegible] erwähnt; Johanne v. Durazzo erste Frau wurde ihm lt. Contract vom März 1318 vermählt, sie heirathete insgeheim Hugo de la Paltson, von dem sie bald geschieden wurde und starb 1351 zu Averso. — Die Tochter Carls v. Durazzo Agnes † 1383 noch vor ihrem zweiten Gatten.

Carl III. wurde 2. Juni [illegible] als König v. Neapel und 31. Dec. 1385 als König v. Ungarn gekrönt, sein angeblicher Bruder Johann Horvat ist nicht wie in dem Werke „Aus d. Archive der Familie v. C." gesagt wird, durch einen Sohn Carl Adalbert Doder v. Carlowitz, dem bereits Kneschke „Neues allgem. deut. Adelslex. II, 223" vorschiebt, diese Annahme entbehrt jeden histor. Beweis und Fessler „Gesch. Ungarns in zweiter Aufl. durch Klein II, p. 220" sagt, der Ban Johann sei ein Bruder des Bisch. Paul, beide aber Glieder des Geschlechts Horváthy gewesen. — Carl III. Tochter Johanna II. ist 25. Juni 1373 geboren und an Wilhelm etc. zw. 12. Oct. und 12. Nov. [illegible] vermählt. König Ladislaw ist im Juli 1376 geboren, hat in erster Ehe die Tochter Manfreds v. Chiaramont, in zweiter Ehe Marie 12. Feb. 1403 geheirathet, welche geb. 1392.

TAFEL CCV.

Beatrix ist März oder April [illegible], Clementia im Feb. 1293 geboren und ist Carl II. Robert zum König 16. Oct. [illegible] gewählt worden, sein Sohn Stephan starb 9. Aug. 1354, der Gatte von dessen Tochter, Philipp v. Tarent 25. Nov. 1374. — König Ludwigs erste Frau starb vor 1. Oct. [illegible] ohne wirklich vermählt gewesen zu sein, und seine zweite Gattin seit 20. Juni 1353 war eine Tochter von Stephan Kotromanowitsch, von ihren Töchtern lebte Catharine noch 1. Jan. 1377 und heirathete Marie Anfang Oct. 1385 und † 1395.

Als Anmerkung. Nach Grotefeld „Stammtafeln d. Herzöge v. Schlesien, Abth. [illegible] p. 9" wäre Catharine gestorben (vor [illegible]. Sept. 1355) als Wittwe (seit 1345) Heinrich II. v. Jauer eine Tochter Carl Roberts v. Ungarn und bei Grotefeld finden sich auch die Gründe, welche für die Heirath sprechen.

Ludwig II. v. Anjou Wittwe Jolante starb erst 14. Dec. 1443, ihr Sohn René wurde nach eigener Angabe 16. Jan. [illegible] geboren und verlor die erste Frau im Feb. 1453 St. nov. und machte seine Wittwe 27. Aug. [illegible] ihr Testament. Von René's Kindern starb Ludwig bald nach Feb. 1444, Jolante bald nach [illegible] Feb. 1483 St. vet., Johann (II.) wurde Herzog v. Lothringen lt. Besitzn. vom 26. März 1453 St. vet und hatte seine Vermählung 1444 vollzogen, der angebliche Sohn Johann starb vermuthlich 27. Juli 1471. — Des Titularkönigs Carl IV. Bruder Ludwig hatte Nachkommen, welche [illegible] erloschen.

TAFEL CXCVI.

Ludwig v. Étampes heirathet Johanne v. Brienne, Wittwe Walter VI. etc.; die Herzogin Marie v. Brabant † 30. Oct. [illegible] und ihre Schwester Margarethe war an Wilhelm XIII. etc. vermählt. Philipp (III.) heirathete nach Dewick erst 9. Oct. [illegible], daher kann seine Tochter nicht, wie französ. Berichte besagen, 1281 geboren sein. Marie die Königin v. Aragonien starb 20. April 1347 und heirathete die Schwester Johanne zw. 29. Aug. 1373 und 1377, der Neffe Peter v. Mortain 21. April 1411, dessen Schwester Johanne 2. Sept. [illegible] und Carl III. v. Navarra Tochter Johanna, welche schon im Juli 1413 starb. N. Contr. vom 15. Mai [illegible] Jean Grailly etc., welcher [illegible] oder 83 geboren und war die Vermählung 12. Nov. [illegible].

Blanca v. Artois heirathete in zweiter Ehe den Grafen v. Lancaster vor 29. Oct. 1276 und wurde 5. Juni [illegible] Wittwe, ihr Bruder Robert II. heirathete in zweiter Ehe eine Tochter Archimbald VII. v. Bourbon, welche 7. Sept. [illegible] starb, Mathilde, Robert II. Tochter, den Pfalzgrafen vor 1. Mai [illegible], ihr Bruder Philipp Blanca erst nach Nov. [illegible], Philipps Sohn Robert III. † 1342 (denn Rymer „foed. reg. Angl." sagt, er sei im 16. Regierungsjahre Eduard III. gestorben) und Robert III. Enkel Robert v. Eu stirbt mit der Gattin an einem Tage 20. Juli [illegible].

TAFEL CXCVII.

Alix heirathete Raoul III. de Nêle etc. [illegible]; Robert II. erste, wenn auch geschiedene Gemahlin wurde [illegible] Nonne zu Fontevrault; Philipp wurde [illegible] Bischof, machte 2. Nov. sein Testament und † 12. Nov. 1217; die jüngere Alix heirathete [illegible] Raoul I. de Coucy. — Der zweite Gatte von Alix, Tochter Robert II., Renaud III. etc. † gegen [illegible]; der Alix Schwester Agnes war an Stephan III. etc. schon 1214 vermählt; Peter (I.) heirathete Alix v. Thouars vor März 1213; Heinrich wurde als Bischof geweiht 10. April 1227.

Johann II. v. Bretagne ist [illegible] jetzigen St. geboren; seine Schwester Alix heirathet Johann I. v. Châtillon zu Blois und Avesnes lt. Contr. vom 11. Dec. 1254; Theobald † 25. Oct. [illegible]; Nicolaus ist 5. Mai 1249, Robert desgl. Lätare 6. März [illegible] geboren. — Arthur II. Schwester Blanca heirathet erst nach Nov. [illegible] und ihre Schwester Marie Guido III. N. Contr. vom 27. Juli 1292. — Johann III. heirathet Isabelle v. Castilien N. Disp. vom 21. Juni 1310; Johann V. wurde in zweiter Ehe nach 25. Sept. 1384 Wittwer und heirathete Johanne v. Navarra 2. Sep. [illegible] und seine Schwester Johanna lebte noch 20. Oct. 1399, hatte Raoul Basset von Drayton vor 21. Oct. [illegible] geheirathet, welcher vor 20. April [illegible] starb. — Isabellens (Tochter Johann VI.) Gatte Guido XIV. etc. hatte aus seiner ersten Ehe Jolante geb. 2. Oct. 1431 und † 1487 bald nach dem Gatten, Wittwe 1449 in andrer Ehe, vermählt in zweiter Ehe an Wilhelm v. Harcourt, Wittwer Perronelle's v. Amboise, der Schwägerin Peter II. v. Bretagne, welcher 1487 starb und aus dieser zweiten Ehe stammt Johanne, Gattin René II. v. Lothringen. — Franz I. zweite Gattin starb zw. 13. Oct. 1494 und 5. März 1499 und ihre Tochter Marie starb zw. 3. Oct. [illegible] und 12. Nov. 1511. — Peter II. Gattin war 1427 geboren, verlobt wohl nur lt. Contr. 27. Juli 1431, heirathete erst 1442. — Die Wittwe von Gilles v. Chantocé heirathete in dritter Ehe Jean de Proisy. — Der Sohn Franz II. hiess Franz, die Tochter Königin Anna starb Montag 9. Jan. 1514 also jetzigen St., deren Halbbruder Franz de Vertus Magdalene etc. zw. 27. Juli 1490 und 2. Oct. [illegible] heirathete.

TAFEL CXCVIII.

Constanzens Gatte Alfons VI. etc. starb 30. Juni 1109; Herzog Hugo I. Gattin hiess Sibilla, sein Bruder Heinrich (vergl. Aschbach „Gesch. Spaniens etc. I. 396 u. 442") stirbt schon 1112. — Eudo II. ist vielleicht 27. Sept. etc., seine Wittwe als Aebtissin zu Fontevrault, seine Schwester Sibille 19. Sept. wohl 1150 gestorben und war ihr Gatte Roger II. 26. Dec. [illegible] geboren und † 27. Jan. 1154; Mathilde war an Wilhelm VII. etc. vermählt, welcher noch 19. Sept. 1172 lebte; Raimunds Tochter Mathilde war Herrin v. Grignon und Tonnerre und wurde [illegible] Nonne zu Fontevrault und stammt aus ihrer zweiten Ehe Wilhelm V. v. Nevers.

Hugo III. erste Gattin wurde nur 1170 urkundl. erwähnt, da mit ihr schon der Sohn Eudo erscheint; sein Schwager Archimbald V. v. Bourbon hatte aus seiner Ehe die Tochter Mathilde, welche Gaucher IV. etc. um [illegible] heirathete und [illegible] geschieden wurde und starb ihr zweiter Gatte [illegible]. Jan. 1216. — Alexander v. Montagu — ein jüngerer Bruder, also Hugo III. dritter Sohn, Heinrich erscheint urkundl. [illegible] — war an eine Beatrix verheirathet, über deren Familienverhältnisse völliges Dunkel herrscht; Berthaud in seinem Werke „Orbandale" sagt, sie könne dem Hause Châlons angehört haben, aber sei keineswegs Erbtochter Wilhelm II. gewesen.

Guido Andreas, Dauphin v. Vienne, heirathet in erster Ehe Beatrix Erbin v. Forcalquier, Tochter Rainier's v. Sabran und Claustral, welche zwar geschieden, doch noch 5. Sept. 1215 am Leben war (ihre Tochter wurde zwar 1214 vermählt, allein in Wirklichkeit wohl erst 1222) und in zweiter lt. Contr. vom 15. Nov. 1219; die Schwester von Guido Andreas, Mathilde heirathete den Grafen v. Bergund und Herrn v. Châlons und lebte noch 15. Juni 1237 und war ihr Todestag 26. März.

Eudo III. Tochter Johanne ist wohl nach 1217 geboren und war sein Schwiegersohn Renaud VIII. v. Mercoeur. — Von Hugo IV. Töchtern heirathete Margarethe nach Juni 1239; Agnes oder Isabelle († 1323) in erster Ehe König Rudolph I. wohl Ende Mai 1284 und in zweiter (vergl. Anzeiger f. Schweiz. Gesch. u. Alterthumsk. Jahrg. VIII — nicht Band! — von [illegible] p. 30 ff. Peter v. Chambly, Herrn v. Neauflle, Sohn des Raths und Kämmerherrn Philipp des Schönen, welcher vor 1319 starb. — Hugo IV. jüngste Tochter ist entweder jung oder wie das väterliche Testament vom 5. Sept. 1272 bestimmte, als Nonne gestorben.

Eudo's († 1269) Gattin war eine Tochter Archimbald VII. und auch Erbin von Auxerre u. Tonnerre, von ihren Töchtern war Jolante Erbin von Nevers und Donzy, heirathete in zweiter Ehe im März 1272 St. nov.; Margarethe Erbin von Tonnerre und Perche [illegible] und war ihr Gemahl wohl erst [illegible] geboren; Alix wurde Erbin von Auxerre und St. Aignan. — Johann v. Charolais † 29. Sept. [illegible] und seine Gattin, Tochter Archimbald VII. 7. Sept. [illegible] als etc. und seine Tochter war Erbin von Bourbon und heirathete Mitte 1272.

TAFEL CCIX.

Ludwig v. Thessalonich † im Sept. 1316 und seine Wittwe 1351 zu Averso, sein Bruder Eudo IV. im April 1349 und war dessen Schwiegervater eine Tochter Wilhelm XIII. etc.

Johann der Unerschrockene heirathete 12. April 1385, seine Gattin war vor 10. Juni 1377 geboren, seine Schwester Margarethe heirathete 12. April 1385 und starb 8. März 1441 St. nov.; der Schwager Amadeus etc. lebte noch 27. Nov. 1450 und starb angeblich 1451; Antons v. Brabant etc. zweite Frau ist Anfang Nov. [illegible] geboren und wurde 16. Juli 1409 vermählt, ihr Sohn Wilhelm war 2. Juni 1410 geboren; Philipps v. Nevers Tochter Margarethe stammte aus erster Ehe und starb 6 Monate nach der Mutter; Elisabethe v. Nevers Gatte Johann I. v. Cleve war 16. Feb. 1419 geboren.

Marie, Philipp III. Schwester und Gattin Adolphs v. Cleve, wurde 23. Sept. (die Theile virz.) 1448 Wittwe und ist ihr Neffe Anton 1431 alten, also 1432 jetzigen Style gestorben. — Carl der Kühne heirathete in erster Ehe 19. Mai 1440, seine zweite Frau starb 25. Sept. 1465 und seine Wittwe 23. Nov. 1503; sein ältester Halbbruder Cornelius wird schon 1452 erwähnt; Anton besass Beveren u. Werken und starb 5. Mai 1504, seine Gattin war eine Tochter Peters de la Viéville, seine Nachkommen zu Beveren erloschen schon 1550, die zu Werken blühten länger; David wurde 12. Sept. 1451 Bischof zu Terouanne etc. und starb 16. April 1496; Philipp wurde als Bischof zu Utrecht 19. Mai 1517 introducirt; Anna † 14. Jan. [illegible] St. nov., ihr erster Gatte 6. Juli [illegible], ihr zweiter war 24. Juni 1425 geboren und ihr 21. (wohl Juni?) 1470 vermählt; Balduin besass Falaise und Brudam.

TAFEL CC.

Heinrich (vergl. Uebersicht.) ist nach Aschbach 1112 gestorben, seine Enkelin Urraca heirathete 1165 und war deren Gatte Ferdinand II. etc. vor Dec. 1135 geboren und starb [illegible] Jan. 1188. — Sancho I. Schwiegersohn Alfons IX. war Feb. 1171 geboren und heirathete Frühjahr 1191; die Tochter Mathilde oder Mafalda ist 1203 geboren (würde demnach das achte Kind ihrer Aeltern sein), ihr Gatte Heinrich 1204, welchen sie vor 22. Aug. 1215 heirathete; Alfons II. oder der Dicke vermählt an Urraca etc., welche vor 28. Mai 1187 geboren war; Ferdinand heirathete Johanna v. Flandern vor 22. Jan. 1212 und wird eine Tochter Marie urkundl. Juni 1225 erwähnt, starb aber wohl vor Nov. 1211.

Alfons III. erste Gattin, die Erbin v. Boulogne lebte noch im Mai 1262, sein Sohn Martin Alfons hatte Nachkommen, welche Gouveia benannt; der Schwiegersohn von Alfons v. Portalegre etc. Ferdinand de Castro zu Lemos starb 1341 als Gem. Isabellens Ponces v. Leon. — Alfons IV. Tochter Eleonore starb 29. Oct. 1348, ihr Bruder Peter I. ist bekannt als der Gestrenge oder Grausame, dessen Sohn Johann war Herzog v. Valencia de Campos in Castilien, Ferdinand I. Schwiegersohn wurde Alfons Gijon v. Noroña, Prinz v. Castilien. — Johann I. wurde 1383 Regent und 6. April 1384 König.

TAFEL CCI.

Johann, Grossmeister zu St. Jacob war an seine Nichte Isabelle, Tochter des Alfons v. Braganza verheirathet; Johanns v. Coimbra Gattin, Tochter Johann II. v. Cypern war 1418 geboren. — Alfons V. Tochter Johanna starb als Dominikanerin zu Aveiro, ihres Bruders Johann II. Sohn Georg v. Coimbra hatte Nachkommen zu Aveiro, welche 1665 erloschen und zu Porto-Seguro.

Emanuels erste Frau starb 23. Aug. 1498 (ihr Sohn Michael 20. Juli 1500), seine dritte heirathete er lt. Contr. vom 16. Juli 1518 zu Lissabon 7. März 1519, sein Sohn Ferdinand besass Guarda und heirathete Guyomar v. Coutiño; Alfons wurde Cardinal 27. Juni 1517, Erzbischof

[illegible]

TAFEL CCIII.

[illegible]

TAFEL CCIIII.

[illegible]

[illegible]

II. HABSBURG.

TAFEL CCIV.

[illegible]

TAFEL CCV.

[illegible]

24. Jan. 1265 vermählt, auch starb ihr Gatte 21. Juni 1286; Clementia † wohl bald nach 7. Feb. 1273, hatte Carl I. etc. im Jan. 1281 geheirathet und war dieselbe gegen Anfang Sep. 1271 geboren und starb 12. Aug. 1295; Euphemia ist ganz zu streichen; Friedrich und Hermann, angebl. jünger als Hermann, sind nicht zu erweisen; Rudolph II. heirathete wohl erst im März 1289 zu Eger; ein Sohn König Rudolphs Namens [illegible] erscheint urkundl. am 19. Oct. 1275 vergl. Zeerleder, Urkd. der Stadt Bern II, 167; Albert v. Schaumburg, später v. Löwenstein war schon 2. Nov. 1289 Luitgards Gatte.

König Albrecht I. war an die Tochter Meinhard IV. verheirathet und von seinen Kindern stirbt Anna frühestens 1328 (ihr Gatte 24. Nov. 1335); Agnes 10. Juni 1364 (ihr Gatte Andreas III. war nur noch mit Fenena verheirathet, Sibille ist zu streichen); Catharina 18. Jan. 1323 und erscheint Jutta urkundl. schon 5. Feb. 1303; Rudolph III. ist gegen 1282 (seine zweite Frau hiess in Urkdn. meist Elisabeth); Leopold I. wohl vor 4. Aug. 1290 geboren (seine Tochter Catharine ist 9. Feb. 1320 geb. und wurde Conrad v. Hardegg ihr zweiter Gatte, der Schwager Bolko ist etwa 1308 geboren und wohl 1. Juni 1338 vermählt); Heinrich erscheint urkundl. schon 2. Jan. 1299; Otto's Sohn Friedrich starb Sonnabend 11. Dec. 1344. — — Friedrich des Schönen Tochter Anna starb als Aebtissin etc. zu Wien, Elisabeth ist vielleicht vor 18. März 1317 geboren und Euphemia, Friedrichs natürliche, später anerkannte Tochter war Nonne zu Tuln lt. Urk. vom 1. Mai 1327. — Rudolph IV. erwarb Tirol im Sept. 1363, seine Schwester heirathete Johann (Heinrich) etc. 26. Feb. 1364 zu Wien. — Albrecht III. erste Gattin war 19. März 1358 geboren, sein Bruder Leopold III. erhielt Steiermark etc. 25. Sept. 1379 und heirathete zu Mailand 23. Feb. 1365. — Albrecht IV. heirathete wohl vor 15. Juni 1394 und war seine Gattin 1381, seine Tochter Margaretha vor 26. Juni 1395 geboren und starb deren Gatte Heinrich etc. 30. Juli 1450. — Albrecht V. Sohn Georg ist nach Karajan „Die alte Kaiserburg zu Wien, vergl. Ber. u. Mittheil. d. Alterthumsver. zu Wien Bd. VI pag. 69" Mittwoch am Tage Julianae virgin. 16. Feb. 1435 geboren und mit dem angeblichen zweiten Sohne identisch. Albrechts Tochter Elisabeth ist 1437 geboren, wie aus den Memoiren der Helene Kottannerin, Wärterin Elisabeths (vergl. Archiv f. österr. Gesch. Bd. 55, p. 96 zu ersehen ist. — Als Anmerk. Nach Roth „Gesch. d. röm. Kgs. Adolph p. 329" wäre der Erzbischof von Salzburg im Herbst 1297 Pathe der jüngst geb. Tochter Albrecht I. gewesen, allein es fehlt leider der Name derselben.

TAFEL CCVI.

Wilhelm v. Steiermark heirathete zw. 13. Oct. und 13. Nov. 1401 und war seine Gattin 26. Juni 1373 geboren; Margarethens Ehe mit dem Herzoge v. Görlitz ist ganz fraglich, denn dessen erste Gattin lebte sicher noch 1396 (alles Weitere ist oben unter den Nachträgen zu Tafel XCIII. einzusehen); Ernst I. erste Gattin war etwa 1394 geboren und starb 30. April 1407; eine Tochter Leopold III. wäre laut einem zu Admont befindlichen Codex (vergl. Wissenschaftl. Stud. u. Mittheil. aus d. Benedict. Ord. II p. 342) als Jungfrau 8. Aug. 1391 gestorben; Friedrich IV. etc. erhielt Tirol vor 29. Juli 1403 u. defin. 31. Juli 1406, seine erste Gattin in demselben Monat nach ihrer Tochter Elisabeth † Montag 31. Dec. 1408 (vergl. Tirol. Geschichtsquell. I p. 301) und Friedrichs Sohn Sigmund hätte bei Vaters Tode 11 Jahre gezählt, muss also 1427 geboren sein, und verzichtete auf seine Besitzungen zu Gunsten Max I. 16. März 1490. — Ernst I. Söhne Rudolph und Leopold starben vor 1424, ein Sohn (eine keine Tochter) Alexander † 1420 und Ernst ist der jüngste Sohn; Friedrich V. Sohn Johann starb die Scholastica, also 10. Feb. 1467.

Maximilian I. nahm 4. Feb. 1508 den Titel „erwählter römischer Kaiser" an, sein Sohn Georg wurde 12. Jan. 1529 als Erzbischof introducirt und resignirte 1544. Philipp des Schönen Schwester Margarethe heirathete 3. April 1497, seine Wittwe starb 12. April 1555, ihre Tochter Eleonore heirathete lt. Contr. vom 16. Juli 1518, zu Lissabon 7. März 1519. Kaiser Carl V. Tochter Margaretha † 18. Dec. 1586, wurde in erster Ehe 5. Jan. 1537 Wittwe, heirathete in zweiter (Octavio) I. lt. Contr. vom 12. Oct. (ratif. 4. Nov.) 1538, wohl erst nach 3. Mai 1540, und war Octavio geb. 9. Oct. 1524 und starb 18. Sept. 1586. — Ferdinand I. erhielt Oesterreich lt. Theilung vom 28. April 1521 und 7. Feb. 1522, wurde König v. Böhmen 23. Oct., von Ungarn 16. Dec. 1526, in Ungarn gekrönt 3. Nov. 1527 und hatte geheirathet am Trinitatis Sonntag 26. Mai 1521.

Philipp II. v. Spanien war schon 11. Oct. 1540 mit Mailand belehnt worden und von seinen Töchtern starb Isabella etc. 1. Dec. 1633 früh, Marie 5. Aug. 1580 und eine war 3. Oct. 1568 todt geboren. — Balthasar geb. 1629 starb lt. Grabschr. 9. Oct. 1646 und seine Schwester Margarethe (vergl. Adam Wolf „Fürst Wenzel Lobkowitz p. 155") heirathete pers. 5. Dec. 1666.

TAFEL CCVII.

Marie geb. 1531 starb 11. Dec. 1581 und wurde begraben 13. Jan. 1582, auch war ihr Gatte als Herzog III. — Ferdinand (II.) v. Tirol Gattin, eine Tochter des Freiherrn v. Zinnenburg, war 1527 geboren und wurde durch den Beichtvater, späteren Propst zu Trient, Johann v. Cavalleriys im Jan. 1557 — eine frühere Vermählung ist zu streichen — eingesegnet, wie die Urkdn. des fürstl. Ehepaares vom 6. Sept. 1576 (vergl. Bucholtz „Gesch. Kaiser Ferdinand I., Urkdnbd. p. 742") bezeugen; Ferdinands Tochter zweiter Ehe Marie etc. starb 1649; nach Hirn „Erzh. Ferdinand II. v. Tirol B. II." wäre Andreas geb. 1558 schon 5. Mai 1580 Coadjutor zu Brixen geworden und nur 1591 wirklicher Bischof, auch im Juli 1589 Bischof zu Constanz; auch wären Ferdinand II. aus zweiter Ehe Anna Eleonore 26. Juni 1583, Marie 16. Juni 1584 und Anna 4. Oct. 1585 geboren und Anna Eleonore schon 15. Jan. 1584 gestorben.

Matthias erhielt Ungarn und Mähren lt. Vergleich vom 26. Juni 1608, wurde in Ungarn 19. Nov. 1608, in Böhmen 23. Mai 1611 gekrönt; sein Bruder Maximilian wurde Coadjutor d. deut. Ord. 21. Mai 1585, als Hochmeister nach Resignat. des Vorgängers auf d. Regalien vom 30. Aug. 1590 mit denselben belehnt lt. Brief vom 9. Nov. 1591 und wirklicher Graf v. Tirol im Juli 1612; Albrecht (VII.) Wittwe starb 1. Dec. 1633; Margarethe geb. 1567 starb als Nonne zu St. Clara in Madrid.

Carl geb. 1540 wurde Besitzer von Steiermark lt. väterl. Bestimmung vom 25. Feb. 1554, sein Sohn Ferdinand war 15. Juli geboren, starb 3. Aug. 1572; die 1581 geborene Tochter hiess Gregoriana Maximiliana; Leopold V. resignirte im Feb. 1626 auf die geistlichen Würden, dessen Söhne sind Ferdinand Carl und Sigmund (Franz).

TAFEL CCVIII.

Christine war geb. 25. Mai und † 12. Juni 1601 (vergl. Schmutz „Lexicon v. Steiermark I, 570; III, 545"); Carl's (Bergstone) Wittwer heirathete in zweiter Ehe Ludovika (Marie) etc.; Leopold Wilhelm wurde postulirt als Bischof v. Passau 9. Nov. 1625, war Coadjutor d. Hochmeisters seit 24. Aug. 1639.

Therese Marie etc. geb. 1652 stirbt nach Wolfsgruber (vergl. pag. 163) 26. Juli 1653 und Kaiser Leopold I. heirathet in erster Ehe 5. Dec. 1666, in zweiter eine Tochter (Ferdinand) Carls, in dritter eine Tochter (Philipp) Wilhelms; Carl Joseph ist zu Breslau 25. Feb. 1663 introducirt worden.

Von Leopold I. Kindern feiert die 1679 geborene und gestorbene Tochter Christine; Leopold Joseph war 1682, Marie Therese 1684 geboren. — Joseph I. Sohn Leopold Joseph war nach Wolfsgruber „Die Kaisergruft bei d. Kapuzinern etc. pag. 164" 29. Oct. 1700 früh ¼ nach 12 Uhr geboren.

III. ROMANOW.

TAFEL CCIX.

Von Glandals Söhnen war Andrei Bojar zu Moskau und 1347 Festungsrat etc., Feodor wurde Ahnherr der Familien Motowilow und Grabojew, Cyrill wurde Ahnherr der Familie Trussow. — Von Andrei Kambila's Söhnen ist Alexander (durch Feodor Ahnherr des Hauses Kolytschew, durch Iwan Ahnherr der Familie Chlodnew, durch Feodor etc. Ahnherr der Familie Nepljujew); Gabriel genannt Gawerlin etc.; Feodor Kabilla genannt Koschka. — Von Nikita's † 1586 Töchtern heirathete Martha Boris Tscherkasski, welcher 1601 starb; Irinas überlebte ihren 1610 gestorbenen Gatten Iwan Godunow; eine Anna heirathete Iwan Feodorowitsch Trojekurow.

Michael III. erste Frau starb 7. Jan. 1625 und die zweite war eine Tochter des Lukas Stepanowitsch etc. — Alexei's erste Frau eine Miloslawski war 1626 geboren, die zweite eine Tochter des Dworänin Cyrill etc. 22. Aug. 1651 geboren.

TAFEL CCX.

Eudoxia wird noch 1708 erwähnt; Sophie wurde 1682 Regentin; Marie starb 9/20 März 1723, Feodor III. erste Gattin starb 3 Tage nach Geburt des Sohnes (Ilja geb. 11. † 21. Juli 1681) und die zweite 1715 51 Jahre alt; Michael geb. zw. 1661—66 † 1669; Iwan V. Gattin war 12. Oct. 1664 geboren und wirklich 9. Jan. etc. vermählt, ihre Tochter Praskowia war morgan. an den Generallieutenant Iwan Iljitsch Dmitriew-Mamonow vermählt, welcher 26. Mai St. vet. 1730 starb. — Iwan V. Enkelin war vermählt an Anton Ulrich, welcher geboren 28. Aug. St. nov. 1714 und gestorben 4. Mai 1774 und sein Sohn Iwan VI. starb 5/16 Juli 1764.

Peter des Grossen erste Frau war geboren 30. Juni 1672, ihm vermählt 27. Jan. St. vet. 1689 (nach Gordon etc. ist zu streichen), wurde verstossen 1. Oct. 1698 und starb 27. Aug. St. vet. 1731, der Sohn Alexei starb 26. Juni / 7. Juli 1718, seine Gattin 22. Oct. / 1. Nov. 1715; eine Tochter Peters Namens Catharina war 1707 geboren, starb 1708; Kaiserin Elisabeth heirathete Alexis etc. Rasumowski, welcher 6. Juli St. vet. 1771 starb; Margarethe starb 7. Juni 1715; Paul (vgl. Zeitschr. f. preuss. Gesch. etc. 15, 163 u. 167) geboren 4/15 Jan. † 3/14 Jan. 1717; Natalie war geb. 20. Aug. St. vet. 1718.

IV. ÜBERSICHT DER KAISER UND KÖNIGE.

TAFEL CCXI.

Pippins v. Italien Tochter heisst Itana, ihr Bruder Bernhard ist König v. Italien seit Sept. 812 und empörte sich im Nov. 817. — Ludwig der Fromme wurde Mitkaiser im Sept. 813 und succed. im Jan. 814 (die Krönung vom etwa 5. Oct. 816 hat nach Simson „Jahrb. d. deut. Reichs etc. I, 4. 71 ff." keinen Werth, da die Regierungsjahre des Kaisers vom Tode des Vaters an gerechnet wurden). — Lothar I. erhielt Italien bei der Theilungsacte vom 31. Juli 817, sein Urenkel Ludwig III. der Blinde ist nach Sept. 880 geboren, wurde vor 4. Feb. 901 Kaiser, vor 17. Juli 905 vertrieben, kehrte zw. März und 4. Juni zurück und wurde etwa 21. Juli 905 geblendet und † zw. 28. Aug. und 18. Nov. (wohl im Sept.) 928. — Hugo wurde 6. Juli 926 König, verliess aber Italien wohl zw. 14. Feb. und 13. Mai 946 und sein Sohn wurde [illegible] selbstständig. — Berengar I. starb 7. April 924 und sein Enkel durch die Tochter Gisela Berengar II. geb. um 900, wurde Mitregent vor 7. Mai 945. — Carlmann (v. Baiern) wurde zw. 12. u. 16. Oct. 877 König v. Italien und ist d. Diplom Arnulphs 22. Sept. sein Todestag, sein Sohn Arnulph wurde nach Gregorovius „Gesch. d. Stadt Rom III, 219" Mitte April 896 Kaiser. — Carl III. der Dicke war vor 25. Nov. 879 König v. Italien geworden.

Otto III. ist im Sommer (etwa Juli) 980 geboren. — Heinrich II. Gegner Arduin war seit 15. Feb. 1002 König etc. — Conrad II. (über seine Familienverhältnisse vergl. die hier zu Tafel CVIII. gegebenen Notizen) ist etwa 990 geboren, wohl 6. oder 7. gewählt, nur gekrönt 8. Sept. 1024.

TAFEL CCXII.

Heinrich IV. wurde im Herbst 1053 zum König gewählt und 17. Juli 1054 geweiht. Kaiser Lothars Todestag ist [illegible] 4. (Non. II.) Dec. 1137. — Philipp v. Schwaben ist um 1176 geboren und 8. Sept. 1198 gekrönt. — Otto IV. ist nach v. Heinemann „Heinrich v. Braunschw." Ende 1177 geboren und wurde erst 9. Juni 1198 wirklich gewählt. — Von Friedrich II. Söhnen war Heinrich im Jahre 1211, Conrad IV. 25. April 1228 geboren. — Richards Gegner Alfons ist 1221 geboren, verbriefte dem Papste zwar den Verzicht auf das Reich etwa im Aug. 1275, allein der definitive Verzicht erfolgte erst (etwa 14.) Oct. s. a. — Adolph ist wohl 1248 geboren. — Heinrich VII. muss etwa 1274 geboren sein, da er 1288 bei Vaters Tod noch unmündig war und zw. 15. Juni und 6. Nov. 1289 ins 16. Lebensjahr, dem Alter der Mündigkeit trat. — Ludwig IV. etc. ist im Herbst 1282 geboren. — Carl IV. Gegner Günther ist am Tage der Wahl auch proclamirt (am 1. Jan. war nur eine Vorwahl) und starb 14. Juni 1349. — Maximilian I. nahm den Titel „erwählter römischer Kaiser" 4. Feb. 1508 an. — Ferdinand I. ist auch 14. März 1558 proclamirt worden.

Ueber das 1871 neu erstandene, erbliche Kaiserthum vergl. Preussen, Tafel CXXVII.

Aufnahme im vorstehenden Supplementheft konnten nicht mehr finden:

Tafel 52. Dass des Nicolaus (geb. 1843) Gattin Nadeschda Sergiejewna geb. Annenkow 17. Juli 1849 geboren.
Tafel 58. „ die Tochter des Prinzen Bernadette Marie heisst.
Tafel 62. „ Peter Primoli angeblich im Dec. 1883 gestorben.
Tafel 63. „ Louise Murat (geb. 1805) 1. Dec. 1889 gestorben.
— „ die Gattin von Achilles Murat (geb. 1847), Salome Dadiani [illegible] Dec. 1848 geboren.
Tafel 78. „ die jüngeren Söhne des Herzogs v. Aosta, Ludwig zum Herzog der Abruzzen, Humbert zum Grafen v. Salemi im Dec. 1889 ernannt worden sind.
Tafel 89. „ Anna (geb. 1861), Tochter des Arminius zu Ober-Schönfeld 18. Juni 1886 Thilo v. Westernhagen geheirathet hat.
— „ Leopold zu See (geb. 1815) 5. Dec. 1889 gestorben.
— „ Lydia (geb. 1841) ihren Gatten Albert (Herm. Ferd.) v. Oppen-Haldenberg zu Neukirch am Hochwald in der Lausitz 17. Dec. 1889 verloren.
— „ der Agnes (geb. 1806 † 1878) Gatte Hermann (Tobias) v. Haslingen zu Reichenwalde 28. Sept. 1865 gestorben.
Tafel 95. „ der am Tage seiner Geburt 1889 gestorbene Sohn Paul Friedrichs Joseph heisst.
Tafel 98. „ der zweite Sohn des Erbgrossherzogs Carl Borwin heisst.
Tafel 114. „ die zweite Tochter des Erzherzogs Joseph, Margarethe (Clementine) an Albert v. Turn und Taxis verlobt ist, welcher geboren 8. Mai 1867 und soll die Vermählung angeblich 6. Mai 1890 gefeiert werden.